中国开放式基金的业绩与资金流量之间的关系研究

ZHONGGUO KAIFANGSHI JIJIN DE YEJI YU ZIJIN
LIULIANG ZHIJIAN DE GUANXI YANJIU

廖海波 著

 西南财经大学出版社

图书在版编目(CIP)数据

中国开放式基金的业绩与资金流量之间的关系研究/廖海波著. —成都:西南财经大学出版社,2015.2
ISBN 978 – 7 – 5504 – 1821 – 9

Ⅰ.①中…　Ⅱ.①廖…　Ⅲ.①投资基金—经济评价—关系—金融交易—经济核算—中国　Ⅳ.①F832.51

中国版本图书馆 CIP 数据核字(2015)第 038439 号

中国开放式基金的业绩与资金流量之间的关系研究

廖海波　著

责任编辑:李　才
封面设计:杨红鹰　张姗姗
责任印制:封俊川

出版发行	西南财经大学出版社(四川省成都市光华村街 55 号)
网　　址	http://www.bookcj.com
电子邮件	bookcj@foxmail.com
邮政编码	610074
电　　话	028 – 87353785　87352368
照　　排	四川胜翔数码印务设计有限公司
印　　刷	郫县犀浦印刷厂
成品尺寸	170mm×240mm
印　　张	9
字　　数	160 千字
版　　次	2015 年 3 月第 1 版
印　　次	2015 年 3 月第 1 次印刷
书　　号	ISBN 978 – 7 – 5504 – 1821 – 9
定　　价	58.00 元

前　言

　　证券投资基金在现代资本市场中的地位越来越重要，在我国这样的新兴市场，基金所持有的股票市值都已超过了全部流通市值的20%。开放式基金在全世界范围内已成为基金市场的主流品种。在我国，开放式基金也已占绝大比重。开放式基金的投资者可以随时按净值申购或者赎回基金份额，而由于基金的管理费是按照基金资产的一定比例计提的，这种份额开放制度被认为可以形成对基金管理者的激励与约束机制：基金业绩表现好，可以吸引更多投资者申购；业绩不佳则会遭到投资者赎回，故基金的业绩与来自投资者的资金流量之间形成正相关关系，激励着基金管理者取得好的业绩。但是，交易成本、投资者的非理性心理因素以及基金业绩是否可以代表基金管理者的能力（基金业绩是否具有持续性）等，都会影响到基金的业绩与资金流量之间的关系。那么实际市场中基金的业绩与资金流量之间的关系是什么样的呢？这是一个具有重要理论意义、政策意义和实践意义的问题。

　　国外的已有研究，普遍发现基金的业绩与资金净流量之间的关系（Flow-Performance Relationship，FPR）正相关，并呈非线性（不对称的）形态：名列前茅的基金可获得超额的净资金流入；但是对业绩不佳的基金而言，资金流出并不成比例。这样，就存在着"激励过度"的问题。对于这样的非对称的关系形态的成因，国外研究提出了多种假说，尚无定论。国内一些已有研究则发现我国开放式基金市场存在着"赎回异象"：基金的业绩与资金净流量负相关。国内外已有研究都存在着局限性或者不足。

　　本书共分9章。第一章是引论，包含文献综述，第二章到第九章是全书主体部分。

　　第二章对开放式基金的业绩与资金流量之间的关系进行了理论分析。即使是在理想市场中，FPR也不是线性的。市场摩擦和投资者的非理性心理都会影响、改变FPR的形态。它们对FPR的影响的强弱与投资者结构、市场发展程度等市场的特点相关。主要的市场摩擦因素有投资者的搜索成本、参与成本以及所得税等。主要的投资者非理性心理的影响因素是处置效应。市场摩擦和处置效应对 FPR 及形态的影响方向不同，影响的相对强弱与市场的特点相关。

第三章分析了中国基金市场的特点。对中国基金市场的历史与现状、市场结构、投资者结构等进行了分析。中国基金产业是在政府扶持下超常规发展起来的，个人投资者和新投资者比重高，非理性交易行为和市场摩擦对 FPR 有着显著影响。此外还分析了发展基金产业与稳定股市之间可能存在的潜在矛盾。

第四章对我国开放式基金的业绩进行了分析评价，发现平均而言积极管理型基金能战胜市场，基金产业整体上的业绩对投资者具有很强的吸引力。另外对我国基金的业绩持续性进行了考察，发现存在着"均值反转"现象。

第五章对我国开放式基金的业绩与资金流量之间的关系进行了实证检验。本章使用半参数模型和分段线性回归模型分别检验了基金业绩—资金流出关系、基金业绩—资金流入关系、基金业绩—资金净流量关系。检验结果表明，投资者确实偏好赎回业绩优秀的基金品种，但是投资者在申购时又追逐业绩优秀的基金，而基金业绩与资金净流量之间的关系是正相关的，并呈非线性。我国基金市场存在着"明星效应"；而基金的业绩与资金净流量负相关的"赎回异象"并不存在。

第六章对基金的业绩与不同类型投资者的赎回、申购之间的关系进行了检验。检验结果表明，对于主要由机构持有的基金，在上半年，其业绩与资金流出之间存在着一定程度的但在统计意义上不显著的正相关关系；而在下半年，其业绩与资金流出负相关。主要由个人持有的基金的业绩与资金流出正相关并呈明显的非线性。由于无论人数还是持有份额数，个人投资者都占绝大多数，主导着整个基金市场的业绩与资金流出之间的关系。从我国基金市场的整体来看，基金的业绩与资金流出正相关。所以，个人投资者在赎回基金的交易中存在着显著的处置效应，偏好赎回业绩优秀的基金品种；而机构投资者交易行为中的处置效应比较弱，并且其避税交易动机能够战胜处置效应。此外本章还考察了机构投资者和个人投资者申购行为的差异，结果发现个人投资者申购时，"追逐业绩"现象非常显著；而机构投资者申购时未表现出"追逐业绩"的倾向。

第七章考察了基金的属性对 FPR 的影响。年轻基金的资金流量对业绩的反应远比老基金敏感，其 FPR 的不对称性也更显著。基金资产的流动性越差，资金流量对其业绩的反应越敏感，FPR 的不对称性越显著。属于小基金家族的基金的搜索成本较高，资金流量对其业绩更敏感，其 FPR 的不对称性比大基金家族成员更明显。激进型投资风格的基金的资金流量对其业绩非常敏感，其 FPR 也较其他类型基金的 FPR 的不对性更显著。

第八章考察了基金投资组合风险配置的变化与基金历史业绩之间的关系。使用半参数模型刻画出的投资组合风险配置变化——历史业绩关系形态表明，为获得更高排名而令所管理的投资组合承担过度风险的动机强的基金管理者确实会更显著地增加投资组合的风险。

第九章是结论与政策建议。主要结论是：基金业绩是投资者进行选择的重要评价标准。市场摩擦、投资者的非理性心理也会影响 FPR 及其形态。我国开放式基金市场的实际情况是：存在着显著的处置效应，投资者偏好赎回业绩优秀的基金品种；由于市场摩擦的影响，投资者申购时追逐业绩优秀的基金；基金业绩与资金净流量之间是正相关的并呈非线性。由于 FPR 正相关并呈非线性，存在着显著的明星效应，而投资者又并未表现为典型的风险厌恶者，对基金管理者而言，这就形成了收益与风险的不对称性比国外成熟市场更强的报酬机制，因此使基金管理者有了为获得更高排名而令所管理的投资组合承担过度风险的动机。实证检验表明，这一动机强的基金管理者确实会较其他基金管理者更显著地增加投资组合的风险。最后，本书根据实证结果和理论解释，从政府监管和基金公司治理的角度给出了相应的政策建议。

本研究对影响基金业绩——资金流量关系的因素做了较为全面的理论分析，使用了新的较大样本数据，运用国内相关研究少见使用的半参数模型等方法，得到了不同于已有研究的结论。创新点主要有：

第一，对半参数模型的运用。本书使用一个半参数模型来估计我国基金业绩与资金流量之间关系的形态（shape）。使用半参数模型，未将基金业绩与资金流量之间关系限制为线性的，从而可以捕捉到可能存在的非线性。考虑到国外研究发现的大量 FPR 为非线性的证据，以及研究我国基金市场是否存在"明星效应"，是否可能因此引发相应代理问题等，使用半参数模型进行研究是必要的和重要的。

第二，对资金净流量分解后考察。资金净流量等于资金流入量减去资金流出量。以往的研究限于数据的可得行，一般只考察了基金业绩与资金净流量之间的关系。本书研究使用的数据库提供了基金当期的申购与赎回金额数据，故本书除了考察基金业绩与资金净流量之间的关系外，还考察基金业绩——资金流出关系以及基金业绩——资金流入关系。这样，研究时就没有假设申购者和赎回者对基金业绩的看法、反应相同，对于探索投资者对基金业绩的反应的行为规律，可以得到更全面和深入的认识；对于研究是否存在"赎回困惑"所称的"反向选择"，则可获得更直接的证据。

第三，变量指标。本书研究所使用数据库提供了基金半年报与年报所报告的申购、赎回金额数据，可以据以精确计算作为被解释变量的半年度资金流量指标而避免了基于一些假设使用收益率和净值变化来推算。

第四，检验了基金管理者对 FPR 关系的反应。本书使用半参数模型刻画出了基金投资组合的风险配置变化与基金历史业绩之间的关系，以此来检验基金管理者对 FPR 关系的反应。

第五，新的结论。本书的研究发现，虽然我国基金投资者在赎回时表现出了"反向选择"，偏好赎回业绩优秀的基金（国外对成熟市场的研究并未发现存在此现象），但是由于投资者申购时会"追逐业绩"（这是国内已有研究未发现之新现象），基金业绩排名上升仍然能够给其带来资金净流量的增加，尤其是成为业绩超群的明星基金，可以为其带来超额的净资金流入。这一新的结论，否定了我国基金市场存在着较广泛流传的"赎回异象"，具有不同于已有研究的政策和实践含义。

目　录

1. 导论及文献综述

1.1 问题的提出

对于金融市场而言，资本是否得到有效配置，市场的激励与约束机制是否有效，是一个重要的问题，不仅关乎市场效率，跟市场波动乃至金融危机也存在着联系。如今，证券投资基金（以下简称基金）在金融市场中的地位越来越重要，其中开放式基金已经成为主流。早在 2007 年年底，我国全部 346 只基金的资产净值合计就达到了 3.275 万亿元，其中开放式基金的资产净值超过了 3 万亿；开放式基金投资者的开户数，在 2007 年 12 月 31 日总数就已达14 858.25万户，其中有效账户数为 8 538.16 万户。到 2012 年年底，我国的基金已经超过 1 000 只，净值超过 3 万亿元。

由于管理费按基金所管理的资产总额的一定比例计提，基金管理者就有采取行动增加基金总资产的动机。开放式基金允许投资者随时申购或者赎回基金份额，由此形成一种被认为是隐性的激励与约束机制：投资者偏好申购业绩好的基金，而倾向于赎回业绩差的基金，于是基金的业绩与资金净流量正相关，鼓励着基金管理者取得好的业绩。如果基金的业绩代表基金管理者的投资管理能力和努力程度，那么理性的投资者应该申购历史业绩表现好的基金而赎回历史业绩表现差的基金。但是，投资者也可能会由于某些原因而作出另外的选择。比如，可能存在如下一种相反的情形：最早由 Shefrin 和 Statman（1985）提出的处置效应，被认为是一个非常稳健的关于个人投资者交易行为的事实：投资者倾向于过早地卖出盈利的投资品种而过久地持有亏损的投资品种。那么，基金业绩表现越好，持有者盈利也就越丰厚，在处置效应作用下，投资者就越倾向于赎回。于是可能出现所谓投资者的反向选择现象：投资者偏好赎回业绩优秀的基金，而倾向于继续持有业绩不佳的基金。

那么，实际市场中的投资者会怎么选择？对这一问题的已有研究，一般集中在对基金的业绩与资金净流量之间的关系（Flow-Performance Relationship，简称 FPR）的检验上。

国外在 20 世纪 70 年代初就有文献对 FPR 进行了研究。目前所见国外文献虽然选取的衡量指标与研究方法不尽相同，但是所得结论是一致的，即基金的历史业绩与资金净流入显著正相关，且二者之间为非线性关系，历史业绩超群的基金能够吸引大量新资金流入，但是历史业绩不佳的基金并未遭受成比例的资金流出（Spitz，1970；Smith，1978；Ippolito，1992；Sirri 和 Tufano，1998；Chevalier 和 Ellision，1997；Gruber，1996；DelGuercio 和 Tkac，2001）。这一非线性关系，跟实证研究发现的基金业绩持续性方面的证据对比，就会产生如下问题：历史业绩超群的基金的业绩不一定有持续性，投资者为什么会追逐历史业绩超群的基金？另外，历史业绩差的基金将来很可能其业绩继续不佳，那么投资者为什么不愿意从业绩差的基金中退出？对此，可以从多角度、多方面进行分析解释，如市场摩擦、税收和投资者非理性的行为心理等等，这些都关系到市场效率与投资者理性等理论问题。目前，国外对这一关系形态的研究争论激烈，出现了大量的实证研究和多种理论解释。

作为新兴市场，中国开放式基金市场的历史发展动因、市场深度与广度、投资者结构、市场环境等都与国外成熟市场有相当的区别。对中国基金的业绩与资金流入关系的研究，目前还非常薄弱。部分国内研究文献报告发现中国开放式基金的业绩与资金净流入负相关。如果事实确实如此，这意味着我国基金市场投资者行为跟国外成熟市场有着重大的区别，基金的份额开放机制的激励与约束功能失效，将对我国基金市场的发展产生严重的负面影响。对于这样一个事关我国基金市场发展的重大问题，深入研究基金的业绩与投资者资金流向之间的关系及其形态，在市场运行机制和投资者心理层面进行深入分析，具有相当的理论意义、实践意义与政策意义。

1.2 国内外研究现状

1.2.1 国外研究现状

在美国等成熟市场，研究者一般都发现基金的净资金流入与基金历史业绩正相关。Spitz（1970）研究了 1960—1967 年美国 20 只共同基金的业绩（Performance）和资金净流入（Net Cash Inflows）的关系，在加入可支配收入变量后，发现业绩与资金净流入呈现出正相关关系。Smith（1978）使用基金业绩排名作为衡量业绩的变量，对收益进行风险调整后发现在 8 年的研究样本中有 3 年呈现了 PFR 的正相关关系。这表明投资者认为基金的历史业绩能够帮助预测基金未来的业绩。进一步的研究发现，基金的净资金流入和历史业绩之间存在着非线性关系。Ippolito（1992）对 1965—1984 年 143 只美国共同基金的业绩与资金流动进行了研究，按照风险调整后的收益与市场指数之差是否大于零将基金分为赢家基金和输家基金，发现投资者申购赢家基金而赎回输家基金。Sirri 和 Tufano（1998）发现投资者对历史业绩超群的基金反应非常强烈。Chevalier 和 Ellison（1997）发现对于年轻基金而言，其业绩超过市场 25%，则会带来 150% 的资产增长；业绩落后市场 25%，资产则会萎缩 50%。Gruber（1996）、DelGuercio 和 Tkac（2001）也发现历史业绩超群的基金能吸引大量新资金的流入，而历史业绩不佳的基金并未出现同比例的资金流出。

投资者追逐历史业绩超群的基金，使其经理得到更多管理费收入的奖励；而业绩差的基金并未遭受同比例的净资金流出，则意味着其经理未受到相应的惩罚。在基金的优秀业绩缺乏持续性的情况下，投资者为什么会追逐历史业绩超群的基金？而业绩较差的基金的资金流入为什么未成比例地减少？对此，既有投资者非理性的解释，也有从市场摩擦等交易成本角度的解释。已有研究有的认为 FPR 呈非线性是投资者的赎回导致的，有的则认为是投资者的申购行为导致的。

1.2.1.1　投资者的赎回

Gruber（1996）提出，一些投资者比较天真，容易被广告或者券商所蛊惑，有的受到其养老金计划的限制，所以未赎回业绩不佳的基金。

认知失调理论是心理学家 Festinger（1957）提出来的。根据该理论，人们会由于冲突的认知元素而产生心理不适，比如实际结果与自己过去的选择不一致；而人们有改变信念（beliefs）以减轻这种不适的倾向。Goetzmann 和 Peles（1997）进行问卷调查后发现，部分基金投资者可能会对其所持有基金不佳的业绩"视而不见"，而如果因为发现这些基金业绩不佳而卖出的话会证明其当初的买入决策是错误的，从而增加其认知失调。即使是一些具有良好教育背景的投资者在购买某基金后，也倾向于扭曲（bias）自己关于该基金业绩的信念以证明自己当初买入决策的正确性。他们的问卷还注意区分了认知失调和禀赋效应（Endowment Effect）。但是，有此类非理性心理的投资者数量是很有限的。

以往的实证研究分析的多是净资金流与业绩之间的关系。随着可获得的数据增加，单独考察投资者的赎回与基金业绩之间的关系成为可能。Ivkovic 和 Weisbenner（2006）根据对他们所获得的投资者交易账户数据的研究发现，投资者出于避税目的以及对基金业绩持续性的信念，愿意卖出价值下降导致亏损的基金品种而不愿卖出价值上涨的基金份额。他们对总体数据的研究还发现，基金的业绩与投资者的赎回之间为负相关关系。他们的发现表明，基金市场并不存在"处置效应"，也说明 FPR 的非线性不是由基金投资者不愿意赎回业绩较差的基金引起的。

1.2.1.2　投资者的申购

Sirri 和 Tufano（1998）认为，基金超群的业绩会更加醒目、高频率地出现在媒体的报道中，可以降低投资者的搜索成本，从而吸引更多的申购者。Huang、Wei 和 Yan（2007）建立的模型中申购对不同业绩有不同的弹性，具有良好业绩的可使新投资者（申购者）较容易降低参与成本（participation cost，包括投资者的搜索成本、要求的预期回报率等），从而导致更多的资金流入。根据上述研究，正是投资者对具有超群业绩的基金的追逐导致了 FPR 呈现出非线性。

Berk 和 Green（2004）提出，基金业绩缺乏持续性正是因为投资者追逐基金的历史业绩，由于新的资金大量流入这些基金，基金经理超群的投资管理能力带来的回报随着基金规模的扩大而递减。他们的模型还显示，即使没有证据表明基金业绩具有持续性，投资者追逐基金的历史业绩的行为也可以是理性的。

Lynch 和 Musto（2003）则认为，投资者可以相信，依据基金不佳的历史业绩并不能预测未来业绩，因为市场竞争的压力将迫使这些基金更改投资策略或者更换经理。他们发现业绩不佳的确会导致基金更换投资策略或经理，而这一改变确实能给基金带来资金流入。

1.2.2　国内研究现状

国内对基金业绩与资金流量之间关系的研究，目前基本上停留在对其进行实证检验的层次，尚未见比较成功的理论模型。

1.2.2.1　赎回异象

与国外文献的发现不同，国内研究 FPR 问题的文献多数使用短期数据（季度数据）进行研究，报告发现了净赎回率与基金业绩正相关的现象（或者资金净流入与基金业绩负相关），将其命名为"赎回异象"（Redemption Puzzle）或"赎回困惑"。"赎回异象"作为我国基金市场一个特殊现象得到了较广泛的流传。

最早发现开放式基金净值增长率上升、净赎回率也上升现象的是李曜（2003）。姚颐和刘志远（2004）认为总体上基金赎回率与净值增长负相关，但是当净值跌破面值1元的时候会发生突变。"赎回困惑"这一命名来自刘志远、姚颐（2005），他们使用2003年1月至2004年9月的55家基金季度数据为样本，通过对该合并数据回归分析，发现基金净赎回率与本期业绩增长正相关，将此现象命名为"赎回困惑"，认为是由"处置效应"所致。此后，陆蓉等（2007）采用基金的资金净流量指标代替净赎回率，选择14只偏股型开放式基金从2003年4月至2006年9月共14个季度的数据作为样本，采用偏相关分析和建立平衡面板数据模型回归的方法发现，投资者偏好前期业绩好的基金，但这一效应不明显，基金本期业绩越好，其资金净流量越低（净赎回率越高），将其命名为"赎回异象"，认为符合行为金融理论中的"处置效应"。采用其他方法也类似地发现存在赎回异象的研究者还有汪慧建（2007）、张建中（2007）、赵楠和李维林（2006）等。

冯金余（2009a）使用22只开放式基金2004年至2007年共16个季度的平衡面板数据，发现基金本季度业绩和前一季度业绩与本季度赎回率正相关；并且，赎回率与本期业绩之间也存在正相关关系，即赎回率提高可以导致基金业绩改进，表明本期业绩与赎回率以及净资金流入之间存在着内生性问题。

张晓斐、曹胜和黄欢（2011）使用2004—2010年度数据进行回归分析后发现基金本期业绩与资金净流入正相关，而前期业绩与资金净流入负相关，认为是"由于基金业绩在不同市场周期具有不同的持续性，牛市中基金业绩持续性较差，投资者倾向于赎回前期业绩较好的基金；而在熊市，基金业绩持续性较强，投资者倾向于赎回业绩垫底的基金"。

上述国内文献考察的是净资金流入（或净赎回率）与基金业绩之间的关系。当净资金流入与基金业绩负相关时，可能是赎回与业绩正相关所致，也可能是申购与业绩负相关作用的结果。冯金余（2009b）分别考察了净赎回率、赎回率和申购率与基金业绩之间的关系，发现除了存在异常赎回现象（投资者偏好赎回业绩好的基金品种）外，还存在异常申购现象——投资者还偏好申购业绩差的基金品种。在二者共同作用下，净赎回率与基金业绩之间表现为正相关。

1.2.2.2 赎回异象为假象

雷良桃和黎实（2007）采用Panel-Data Granger因果检验方法，通过对2002年12月31日以前成立的17只基金的14个季度数据进行研究后认为：基金单位净值增长率和基金累计净值增长率并不是基金赎回率的 Granger 原因，一直困扰着开放式基金的"赎回困惑"不过是一个"假象"。

肖峻和石劲（2011）使用 2005 年 3 月至 2009 年 12 月共 20 个季度的数据，以中长期业绩指标（包括原始的单位净值增长率、市场调整收益率和 Fama-French 三因子模型调整收益率）为解释变量，运用固定效应的非平衡面板数据回归模型，发现前一年度（4 个季度）的基金业绩对基金的季度净资金流入率会产生显著的正向影响，表明赎回异象是假象。但是，他们对业绩优秀的明星基金（业绩排名前 10%）进行的检验发现，业绩与净资金流入之间并不存在显著关系，即不存在明星效应。他们给出的解释包括两个猜想：理性预期和处置效应。但是，如果上述猜想成立，则会对解释非明星基金中存在的净资金流入与业绩正相关的现象造成困难；他们的文章回避了回答这一问题，也未分析"赎回异象"是"假象"的成因。

任淮秀、汪涛（2007）以 2006 年 1 季度以前成立的 184 只开放式基金，从 2002 年 1 季度到 2006 年 4 季度共 20 个季度的数据为样本，采用面板数据随机效应模型进行分析，发现基金收益越高，赎回率越低。此外，还有文献使用合并数据进行回归分析，发现赎回与业绩负相关，如束景虹（2005）运用 2002 年和 2003 年开放式基金的季度规模数据，对基金的赎回率进行实证分析，发现赎回率与净资产回报率负相关。

1.2.3 对国内已有研究的简要评论

与国外对成熟市场的研究文献相比，国内文献对基金业绩与资金流入之间关系问题的研究，存在着显著差别，甚至有令人惊讶的发现。关于基金业绩与资金流入之间的关系问题，国外的实证研究结论是比较一致的，即呈现为正相关关系，且是非线性的，故国外文献的研究重点在于寻找 FPR 呈现为非线性的成因上，这方面的理论与实证研究都很多。国内文献一般还停留在实证检验基金业绩与资金流入之间的关系上；而理论研究则非常罕见。多数国内文献发现存在着所谓"赎回异象"，但是也有一些文献认为所谓"赎回异象"不过是假象。

值得注意的是，将发现存在"赎回异象"的国内文献与国外文献进行比较，可以发现以下差别：①国外文献所研究的是基金的历史业绩与资金流入之间的关系为正相关；而国内文献所发现的"赎回异象"指的是基金本期业绩与本期资金流入之间负相关，而本期申购、赎回行为与基金业绩之间关系存在内生性问题（冯金余，2009a）。②国外文献均采用中长期样本窗口，一般以年度数据为样本，而国内文献多采用季度数据。③国外文献普遍采用经过市场收益调整过的相对收益指标，而国内文献多采用原始收益指标，如单位净值增长率。④考虑到中国基金市场的特殊性，国内实证研究文献一般采用的控制变量也与国外文献存在较大差异。

"赎回异象"是否确实存在？如果存在，其产生的可能原因有待进一步研究。一方面，为了与国外文献进行比较，对国内市场的研究需要采用国外主流文献的方法作为研究的起点；另一方面，由于国内市场有自己的特点，需要加强理论分析，在理论分析的基础上建立适合中国市场特点的实证研究方法，包括样本类型的选择、模型的设定等。

1.3　研究框架

本书的研究内容主要包括以下几个方面：

（1）全面分析影响基金业绩与资金流量之间的关系及其形态的因素。在中国基金市场的特定环境下，既要分析市场摩擦的影响，还要探讨行为心理因素的影响。市场摩擦因素主要包括搜索成本、税收等。在行为金融理论的指引下，分析行为心理因素对 FPR 的影响，如处置效应、认知失调。这些因素对基金业绩—资金流量关系的影响可能是存在着相互对立、作用相反的情形。故需要分析这些因素对基金业绩—资金流量关系作用强度的规律。

（2）通过经验研究确定中国开放式基金的业绩与投资者的资金流向之间的实际关系形态。中国基金市场的特点、基金的业绩表现及其持续性，是研究的起点。选择恰当的研究方法、变量指标也将是本研究的一项内容。在求得基金业绩与资金流量之间关系的一般形态后，还将考察可能会改变其关系形态的某些基金特征和投资者特征。

（3）基金管理人对 FPR 的反应。基金管理人出于自身利益，对投资者行为模式的反应可能会扭曲资源配置甚至影响市场稳定。本研究将考察基金管理人对 FPR 的反应，主要是投资组合的风险配置行为与基金历史业绩之间的关系。

（4）政策研究。根据研究结论，提出对监管和基金管理实务有意义的政策建议。

本课题研究的总体框架如图 1.1 所示。

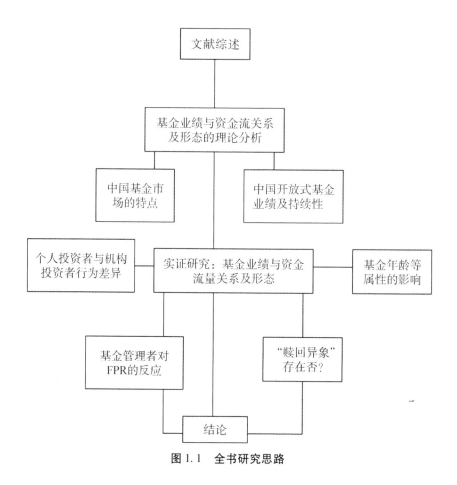

图 1.1   全书研究思路

1.4   分析方法

本课题的研究立足于标准金融理论和近年来兴起的行为金融理论,结合中国基金新兴市场的特点,将理论研究与实证研究相结合、定性分析与定量分析相结合、历史分析和逻辑分析相结合、统计分析与案例分析相结合。理论研究侧重于在分析研究已有研究成果基础上,梳理文献资料,调查分析中国市场特点,提出新的解释;定量研究主要采用多元回归分析和半参数模型方法,以实证来求证理论的正确性。

1.5 创新点

本研究对影响基金业绩—资金流量关系的因素做了较为全面的理论分析，使用了新的较大样本数据，运用国内相关研究少见使用的半参数模型等方法，得到了不同于已有研究的结论。

1. 对半参数模型的运用

本书使用一个半参数模型来估计我国基金业绩与资金流量之间关系的形态（shape）。使用半参数模型，未将基金业绩与资金流量之间关系限制为线性的，从而可以捕捉到可能存在的非线性。考虑到国外研究发现的大量的 FPR 为非线性的证据，以及研究我国基金市场是否存在"明星效应"，是否可能因此引发相应代理问题等，使用半参数模型进行研究是必要的和重要的。

使用无参数技术，可以放松回归函数形式的限制，对解释变量和被解释变量的分布也很少限制，具有较大的适应性（李子奈和叶阿忠，2000）。设定合理的参数模型可以提供较精确的推断，但如果模型设定有误则推断表现可能很差，还可能有误导性（Yatchew，1998）；使用无参数模型的推断结论具有更大的稳健性，但精确性较低，折中的策略是使用半参数的形式（Robinson，1988）。

2. 对资金净流量分解后考察

资金净流量等于资金流入量减去资金流出量。以往的研究限于数据的可得性，一般只考察了基金业绩与资金净流量之间的关系。本研究使用的数据库提供了基金当期的申购与赎回金额数据，故本研究除了考察基金业绩与资金净流量之间的关系外，还考察基金业绩—资金流出关系以及基金业绩—资金流入关系。这样，研究时就没有假设申购者和赎回者对基金业绩的看法、反应相同，对于探索投资者对基金业绩的反应的行为规律，可以得到更全面和深入的认识；对于研究是否存在"赎回困惑"所称的"反向选择"，则可能获得较直接的证据。

3. 变量指标

正如陆蓉等（2007）指出的那样，一些国内研究采用基于份额变化计算的（净）赎回率作为被解释变量指标，会因为期间内的现金分红而与现实不符。基于回报率和基金净值计算的净资金流量指标，也存在一些前提假设。本书研究所使用数据库提供了基金半年报与年报所报告的申购、赎回金额数据，可以据以精确计算作为被解释变量的半年度资金流量指标。

4. 检验了基金管理者对 FPR 关系的反应

本书使用半参数模型刻画了基金投资组合的风险配置变化与基金历史业绩之间的关系，以此来检验基金管理者对 FPR 关系的反应。

5. 不同于已有研究的结论

本书的研究发现，虽然我国基金投资者在赎回时表现出"反向选择"，偏好赎回业绩优秀的基金（此为我国市场的一个现象，国外对成熟市场的研究并未发现存在此现象），但是由于投资者申购时会"追逐业绩"（国内已有研究未发现之新现象），基金业绩排名上升仍然能够给其带来资金净流量的增加，尤其是成为业绩超群的明星基金，可以为其带来超额的净资金流入。这一新的结论，否定了一些研究文献认为存在着"赎回异象"的结论，具有完全不同的政策含义。

2. 基金的业绩与资金流量之间关系的理论分析

基金的业绩与资金流量之间的关系是什么样的？哪些因素会影响二者之间关系及其形态（shape）？其各自的作用机制是什么？在这些因素共同作用下，会是什么情形？

本章首先分析基金的业绩与资金流量之间关系的意义，然后分析了理想市场条件下该关系的形态，再分析投资者非理性心理和市场摩擦对该关系的影响，最后对各种影响因素进行了归纳总结，构建出各因素综合作用下的图谱（见图2.1）。本书的分析还表明，非理性心理和市场摩擦对该关系的影响跟市场结构等特征相关，而这些特征又与市场所处发展阶段与成熟程度相关。所以，各因素对 FPR 形态的相对影响力随市场发展而发展变化；相应地，基金业绩与资金流量之间的关系会呈现不同形态。

2.1 基金业绩与资金流量之间关系的激励与约束功能

在公司金融（Corporate Finance）理论中，上市公司经理的才能为其带来报酬，获得报酬的途径是通过公司股票价格上升实现的。基金经理们拥有不同的投资管理能力，这是他们各自获得相应报酬的来源。与上市公司不同的是，开放式基金是按其单位净值交易（申购或赎回）的，基金经理获得报酬的途径是通过基金规模的增加来实现的。基金经理的管理费收入通常按所管理的资产总额的比例计提。开放式基金的投资者可以随时申购或者赎回，故基金规模会随投资者的选择而变动。这一份额开放制度，一般被认为构成了开放式基金的激励与约束机制：基金业绩提高，投资者增加对其的申购，基金规模扩大，基金管理者的管理费收入增加；当基金的业绩不佳时，投资者通过赎回的方式撤出资金，基金规模将萎缩甚至清盘。份额开放机制使得开放式基金的激励与

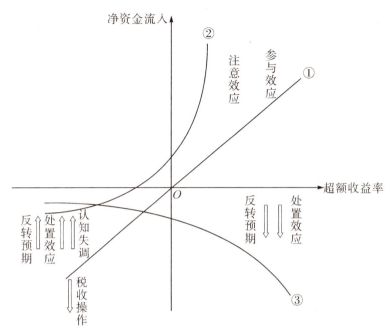

净资金流入

注意效应　参与效应

②　　　　　①

超额收益率

O

反转预期　处置效应　认知失调

税收操作

反转预期　处置效应

③

图 2.1　基金业绩与资金流入关系（FPR）形态以及作用力谱

约束机制优于封闭式基金（一个有代表性的观点见中国证券业协会编印的《基金投资者教育手册》第 15 页，网址 www. sac. net. cn），被认为是开放式基金成功的关键原因。

　　开放式基金的业绩与资金净流入之间成比例的线性正相关关系，是最为理想的状态（见图 2.1 曲线①）。在此状态下，投资者的资金流向与基金经理的投资管理能力和业绩相吻合，资源得到了有效配置；基金经理所获得的报酬与其业绩成正比，激励与约束机制得到恰到好处的发挥。然而，国内外的实证研究并未发现哪个市场曾经存在过如此理想的状态。在现实市场中，基金的业绩与资金净流入之间可能呈现的某些关系形态（shape）会导致市场机制扭曲，影响资本市场的效率或者稳定。比如，在国外成熟市场中 FPR 普遍呈现非线性正相关关系（见图 2.1 曲线②），投资者追逐历史业绩超群的基金而不愿意从业绩不佳的基金中退出。投资者追逐业绩超群的基金，使其经理得到超额的管理费收入的奖励；而业绩差的基金并未遭受相应比例的净资金流出，则意味着其经理未受到相应程度的惩罚。如此，非对称的 FPR 对基金管理者而言，形成了收益与风险不对称的报酬机制，会带来委托代理问题，扭曲基金经理的投资行为，使基金的投资组合承担过度的风险等（Chevalier 和 Ellison，1997）。

而此种收益与风险不对称的报酬机制被普遍认为是导致资本市场不稳定甚至金融危机的根源之一（艾伦和盖尔，2010）。

2.2 理想市场条件下的 FPR

Berk 和 Green（2004）曾经建立过一个模型，展示了在理想的市场条件下，基金的业绩与资金净流量之间的关系。所谓理想的市场条件包括投资者完全理性、市场无摩擦，并且不存在信息不对称和道德风险。他们的模型的主要思想包括：①投资者之间进入基金的投资是竞争性的；②不同的基金经理拥有不同的能带来超额收益的投资管理能力，但是该能力随基金净资产规模增大而递减；③投资者根据基金的历史业绩获得关于基金经理的能力的信息。

Berk 和 Green（2004）建立的是一个局部均衡模型。设基金的超额回报率（超过消极管理的基准的收益率）为

$$R_t = \alpha_i + \varepsilon_t \qquad (2-1)$$

其中，α_i 代表基金 i 的经理所具有的无法直接观察到的管理能力，能给基金带来正的超额收益，假设其在整个考察期限内为常数，对不同基金，α 独立同分布（IID）。ε_t 为作用于基金 i 收益率的白噪声，对不同基金和时间独立同分布，即：

$$\varepsilon_t \sim N(0, \sigma_\varepsilon^2) \qquad (2-2)$$

并令 $\omega = \dfrac{1}{\sigma_\varepsilon^2}$

基金管理的成本 C 是基金规模 q_t 的函数 $C(q_t)$，$C'(q_t) > 0$，$C''(q_t) > 0$。基金管理者所得报酬为基金资产规模 q_t 的一个固定比例 f。所以基金投资者所能获得的超额收益为：

$$TP_{t+1} = q_t R_{t+1} - C(q_t) - q_t f \qquad (2-3)$$

那么，基金投资者在 $t+1$ 期所获得超额收益率 r_{t+1} 等于

$$r_{t+1} = \frac{TP_{t+1}}{q_t} = R_{t+1} - \frac{C(q_t)}{q_t} - f \qquad (2-4)$$

其中，$c(q_t) = \dfrac{C(q_t)}{q_t} + f$

基金成立时，投资者关于基金经理的能力 α 的先验估计为正态分布，均值为 Φ_0，方差为 η^2，投资者估计的准确度 $\gamma = 1/\eta^2$，投资者和基金经理都根据

基金的历史业绩更新其对 α 的估计，且估计所需信息为公共的免费信息。所以有

$$F_t \equiv E(R_{t+1} | R_1, \cdots, R_t) \tag{2-5}$$

假设投资者的资金流对于业绩具有完全弹性。在一个有效的市场中投资于任意一只基金的期望超额收益率为：

$$E(r_{t+1}) = 0 \tag{2-6}$$

由 (2-4) 两边和 (2-6)，给定

$$F_t = c(q_t) = \frac{C(q_t)}{q_t} + f \tag{2-7}$$

那么，任意一只在 $t - 1$ 期和 t 期经营的基金，其在 $t + 1$ 期流入的资金由以下两式的解给出：

$$F_t = F_{t-1} + \frac{\omega}{\omega t + \gamma} r_t \tag{2-8}$$

$$c(q_t) = c(q_{t-1}) + \frac{\omega}{\omega t + \gamma} r_t \tag{2-9}$$

即对某基金而言，其净资金流入率与历史超额收益率之间的关系为：

$$\frac{q_t - q_{t-1}}{q_{t-1}} = \frac{r_t}{f} \left(\frac{\omega}{\gamma + \omega t} \right) + \frac{r_t^2}{4f^2} \left(\frac{\omega}{\gamma + \omega t} \right) \tag{2-10}$$

从 (2-10) 式可以看出，在理想市场条件下，基金的业绩与资金净流量之间是正相关的，并呈现出非线性。

2.3 投资者行为心理的影响

人类普遍具有的一些心理会使投资者行为偏离完全理性假设，并影响到基金的业绩与资金流量之间的关系及其形态。

2.3.1 处置效应

Shefrin 和 Statman（1985）最早指出了股票市场中的处置效应现象：投资者倾向于持有亏损的股票而不愿意实现损失；对盈利的股票则倾向卖出以及早锁定利润。Odean（1998）的研究证实了股票市场存在处置效应。但是，鲜见有国外文献报道在基金市场发现处置效应。

关于处置效应的成因，Odean（1998）对股票市场的研究表明：知情交易

（Informed Trading）、调整投资组合（Rebalancing）、交易成本以及税收等都不能很好解释投资者交易行为中的前述倾向。故在此之后，关于处置效应成因的主流解释依据的是行为金融的基础理论——前景理论（Prospects Theory）。根据前景理论，投资者的风险偏好不是一致的：当处于盈利状态时，投资者是风险回避者；而处于亏损状态时，投资者是风险偏好的。当所持有股票处于亏损状态时，投资者愿意为将来价格上升而"搏一把"；而对于盈利的股票则倾向于"落袋为安"。Barberis 和 Xiong（2009）的研究显示，当遵从前景理论的投资者关注的是年度盈利或者损失（annual gains or annual losses），模拟的交易行为中很难出现处置效应；而如果投资者关注的是"实现"的盈利或者损失（realized gains or realized losses），处置效应就比较容易出现。本书认为，Barberis 和 Xiong（2009）的研究结果不仅深化了我们对处置效应的认识，还可以解释为什么国外成熟基金市场很少发现处置效应。在国外成熟市场，基金投资者多为长线投资者，比如为退休生活做准备，关注的是长期收益，持有期限长（美国基金投资者高达 8 成以上是出于长期目的，平均实际持有期限为 7年），评估所持有基金的业绩表现时间间隔也就较长，故在基金市场不易发现处置效应。

新兴的中国开放式基金市场投资者交易频繁，平均持有期限短（比如，在投机程度最强的 2007 年，根据赎回率计算，基金投资者平均持有期限不到 2个季度），所以有可能存在一定程度的处置效应。一些学者的研究也认为我国基金市场存在处置效应。处置效应的影响是，投资者倾向于赎回业绩好的基金品种而继续持有业绩差的基金，从而影响整个 FPR 曲线的形态，使之倾向于负相关（见图 2.1）。当市场整体萎缩时，市场整体上为净赎回，处置效应对 FPR 曲线形态的影响会非常明显。

2.3.2 认知失调

认知失调理论是心理学家 Festinger（1957）提出来的。根据该理论，人们会由于冲突的认知元素而产生心理不适，比如实际结果与自己过去的选择不一致；而人们又改变信念（beliefs）以减轻这种不适的倾向。Goetzmann 和 Peles（1997）对基金投资者进行的问卷调查表明，即使是具有良好教育背景的投资者在购买某基金后，也倾向于扭曲（bias）自己关于该基金业绩的信念以证明自己当初买入决策的正确性。他们的问卷还注意区分了认知失调和禀赋效应（Endowment Effect）。所以，部分基金投资者可能会对所持有基金不佳的业绩"视而不见"，而如果因为发现这些基金业绩不佳而卖出的话，则会证明自己当初买入决策是错误的，从而增加其认知失调。

认知失调导致投资者不愿意从业绩不佳的基金中退出，结果会影响到 FPR 曲线的左半支的形状，使原本为线性的 FPR 曲线的左端倾向于向上翘，斜率减小（见图 2.1）。但是，随着市场的发展、投资者的成熟，认知失调的影响是非常有限的。

2.3.3　羊群行为

一般关于金融市场中羊群行为的描述是：投资者并不具有充分的信息，也未意识到风险与报酬之间的权衡关系，就蜂拥而来买入某（类）风险资产，一旦发现一点不利迹象又一哄而散地抛售出逃。其实，大量的理论研究文献表明，在投资者理性条件下也可产生羊群行为现象，信息问题、委托代理问题以及外部性等都可导致理性投资者的羊群行为。当然，投资者非理性心理也是可能的成因之一。正如 Hirshleifer 和 Teoh（2003）指出的那样，在金融市场中所发现的多数关于羊群行为的证据是多种效应混合的结果。开放式基金投资者追逐业绩的现象以及大面积赎回的现象，其中都可能存在着羊群行为。

当投资者采取的某行为会影响到其他投资者的报酬时，可能引发羊群行为。Diamond 和 Dibvig（1983）建立的著名的银行挤兑（Bank Run）模型中，包含着直接的报酬外部性。负外部性还可导致信贷收紧（Creditor Run）。Bikhchandani 和 Sharma（2001）认为，外部性可解释银行挤兑等现象，但是在金融市场中，其不是羊群行为的主要成因。关于银行挤兑的成因，还存在着其他解释。Hirshleifer 和 Teoh（2003）指出，最初的提款者对银行的流动性影响很小，但是其行为的信息意义很大，其他存款人可能会推断这些提款者获得了关于银行流动性方面的重要信息，从而引发羊群行为。对于银行挤兑现象，另外一种解释是恐慌情绪在存款人之间传染所致。有证据表明：情绪可以传染，并且可以影响人们的洞察力和判断（perception），进而影响行为（Hatfield, Cacioppo 和 Rapson，1993）。在开放式基金的交易背景下，可能存在两种情况：①由于基金持有资产的流动问题，先赎回者可将部分流动性成本转嫁给后赎回者，从而导致类似于挤兑的现象——基金的大面积赎回。这显然会增加金融系统的脆弱性（fragility）；②由于后申购者的现金可以分享以往投资者的风险资产收益（即"稀释效应"），这将诱使短期投资者追逐业绩好的基金。

在我国基金发展历史上，2006—2007 年间，基金产业的爆发式增长，其中很可能存在非理性的羊群行为。引发此种进入某一类资产市场的羊群行为的常见的重要因素是社会互动与情绪传染。Bala 和 Goyal（1998）从理论上分析了人们从邻居处学习的机制。Shiller 和 Pound（1989）通过问卷调查，发现口头交流对投资决策有重要影响，无论是对个人投资者还是机构投资者都是如此。Kelly，Morgan 和 Grada（2000）也发现了个人之间的社会互动影响人们参与股市以及其他金融决策的证据。2006—2007 年间，我国基金整体的超常业绩增长引发了当时我国全社会范围内的"乐观情绪传染"，可能是引发投资者涌入基金的重要原因。

由于当前国内外对基金投资者中的羊群行为研究尚少，其对 FPR 的影响方向与程度等也还难以确定。

2.4 市场摩擦对 FPR 的影响

2.4.1 信息成本与参与成本

投资者申购前需要付出信息搜索和分析处理的成本。此成本为影响资金流入的重要因素，尤其是在成熟市场中存在数量众多的基金可供选择的情况下，比如 2009 年美国就存在着 8 000 多只基金。

Sirri 和 Tufano（1998）指出，超群的业绩会更加醒目、高频率地出现在媒体的报道中，可以降低投资者的搜索成本，从而吸引更多新的申购者。Huang、Wei 和 Yan（2007）指出：①不同投资者的参与成本（Participation Cost，比如信息分析成本）不同，只有潜在的收益足够大才可以吸引投资者降低参与成本。所以拥有足够好的历史业绩的基金才可以吸引参与成本高的投资者。②对特定的投资者而言，其信息收集和处理的成本越高，其关注的基金数量就越少，即越集中于少数具有超群历史业绩的基金。

上述信息成本的影响，不妨称为注意效应和参与效应。受它们的影响，投资者的申购对象集中于具有超群历史业绩的基金，使 FPR 曲线右半支的斜率增大（见图 2.1），导致 FPR 呈非线性关系；在投资者数量剧增、基金市场规模不断膨胀的时期其影响尤为显著。

2.4.2 Huang-Wei-Yan 模型

Huang、Wei 和 Yan（2007）建立了一个期限为 3 期的局部均衡模型，他们的模型表现了新投资者和参与成本对基金业绩—资金净流量之间关系的影响。

设时间 $t = 0$，1，2。投资者在一只无风险债券和一系列积极管理的开放式基金之间分配财富。无风险债券的收益率正态化处理为每期 $r_f = 0$；开放式基金 i 在 $t = 1$，2 时，产生风险回报

$$r_{it} = \alpha_i + \varepsilon_{it} \tag{2-11}$$

α_i 代表基金 i 的经理所具有的无法直接观察到的管理能力，能给基金带来正的超额收益，假设其在整个考察期限内为常数，对不同基金，α_i 独立同分布 (IID)。ε_{it} 为作用于基金 i 收益率的白噪声，对不同基金和时间独立同分布，即：

$$\varepsilon_{it} \sim N(0, \sigma_\varepsilon^2) \tag{2-12}$$

对于基金 i，存在着两种投资者，他们关于 α_i 的分布的信息集不同。现有投资者 e（existing investors），在 $t = 0$ 时买入了基金 i，此时有关于 α_i 的先验分布：

$$\alpha_i \sim N(\alpha_{i0}, \sigma_0^2) \tag{2-13}$$

在 $t = 1$ 时，现有投资者 E 观察到基金 i 在第一期的收益率 r_{i1}，然后按贝叶斯过程更新 α_i 分布为：

$$\alpha_i \mid r_{i1} \sim N(\alpha_{i1}, \sigma_1^2) \tag{2-14}$$

其中 $\alpha_{i1} = \alpha_{i0} + \dfrac{\sigma_0^2}{\sigma_0^2 + \sigma_\varepsilon^2}(r_{i1} - \alpha_{i0})$，$\sigma_1^2 = \dfrac{\sigma_0^2 \sigma_\varepsilon^2}{\sigma_0^2 + \sigma_\varepsilon^2}$

对于新投资者 N 而言，其对基金 i 的信息要比持有者更模糊，虽然他知道 α_i 为正态分布，但是他只知道 α_{i0} 来自正态分布：

$$\alpha_{i0} \sim N(\mu_{i0}, \sigma_\mu^2) \tag{2-15}$$

而现有投资者清楚 α_{i0} 的确定值。当新投资者 N 支付一定的参与成本 c_i（基金 i 的参与成本假定为固定值）后，他也能获得 α_{i0} 的确定值。

不同的基金对不同的投资者的参与成本 $c_{ki} = \delta_k c_i$。

当 $k = n$ 时，$\delta_k = 1$；当 $k = e$ 时，$\delta_k = 0$。

对基金 i 的现有投资者数量，将其正态化为 1，而新投资者的数量为 λ_i。

假设基金投资者都是风险厌恶者，其绝对风险厌恶系数（absolute risk aversion）为常数 γ；他们在 $t = 2$ 时拥有财富 w_{j2}，$j = e$，n。则现有投资者的预期效用为：

$$E(-e^{-\gamma w_{e2}}) \tag{2-16}$$

对新投资者，在 $t = 2$，其预期效用为：

$$E(-e^{\gamma w_{n2}}) \tag{2-17}$$

最初 $t = 0$ 时，他们拥有相同的财富 w_0，他们分配到基金 i 的份额为 X_{i0}，对持有者 E 而言 $X_{i0} > 0$，对新投资者 N，$X_{i0} = 0$，在 $t = 1$ 时，E 和 N 的决策目标

为最大化他们的期末效用 $E(-e^{-\gamma w_{i2}})$

在无投资组合约束情形下，假设每个投资者在 $t=1$ 时作出决策，其过程如下：①观察所有开放式基金在第一期的收益，然后决定是否付出成本 c_{ki} 获得关于 α_{i0} 的信息；②对于其已经拥有的基金或者已经付出参与成本 c_{ki} 的基金，作出是否分配资金以及分配多少资金的决策。对于没付出参与成本的基金就不配置资金。

那么，在 $t=1$ 时，对持有者 E，其对基金 i 的最佳持有份额：

当 $r_{i1}>r_i$ 时，

$$X_{i1}^e = X_{i1}^n = X_{i1}(r_{i1}) = \frac{\alpha_{i0}}{\gamma(2\sigma_0^2 + \sigma_\varepsilon^2)} + \frac{\sigma_0^2}{\gamma\sigma_\varepsilon^2(2\sigma_0^2 + \sigma_\varepsilon^2)}r_{i1} \qquad (2-18)$$

否则：$X_{i1}^e = 0$，$X_{i1}^n = 0$

其中：$r_i = -\alpha_{i0}\sigma_\varepsilon^2/\sigma_0^2$

投资者从基金 i 中获得的财富是：

$$g(r_{i1}) = -\frac{1}{\gamma}\ln\left(\frac{1-erf(B)}{2} + \frac{1+erf\left(\frac{B}{A}\right)}{2A}e^{-B^2\left(1-\frac{1}{A^2}\right)}\right) \qquad (2-19)$$

其中 $\quad erf(x) = \frac{2}{\sqrt{\pi}}\int_0^x e^{-t^2}dt$

$$A \equiv \sqrt{1 + \frac{\sigma_\varepsilon^2\sigma_\mu^2}{(\sigma_\varepsilon^2 + \sigma_0^2)(\sigma_\varepsilon^2 + 2\sigma_0^2)}}, \quad B \equiv \frac{\sigma_\varepsilon^2\mu_0 + \sigma_0^2 r_{i1}}{\sqrt{2}\sigma_\varepsilon^2\sigma_\mu}$$

对于一个具有参与成本 c_{ki} 的新投资者，存在着唯一的参与临界收益率 $\hat{r}(c_{ki})$。当且仅当第一期的收益率 $r_{i1} \geqslant \hat{r}(c_{ki})$ 时，新投资者才会选择参与到基金 i 中。其中 $\hat{r}(c_{ki})$ 是 $g(r_{i1}) = c_{ki}$ 的解，并且随着成本水平 c_{ki} 增加而增加。

在 $t=1$ 时，流入基金 i 的净资金 $f_i(r_{i1})$ 与基金业绩之间的关系由下式给出：

$$f_i(r_{i1}) = \frac{X_{i1}^e - X_{i0}(1+r_{i1})}{X_{i0}} + \lambda_i \min\left[1, \frac{g(r_{i1})}{\bar{c}}\right]\frac{X_{i1}^n}{X_{i0}} \qquad (2-20)$$

（2-20）式右边的第一项描述了现有投资者向基金 i 投入的新资金，而第二项则描述了来自新投资者参与到基金 i 中来的资金。历史业绩对当期的资金流有两个效应。第一个效应可以称为"学习效应"：当 r_{i1} 上升，根据（2-18）式，现有投资者和新投资者分配到基金 i 中的财富份额均会上升。第二个效应可称为"参与效应"：r_{i1} 上升，则 $g(r_{i1})$ 上升，可以帮助有更高参与成本 $\bar{c}$ 的新投资者克服参与门槛。

（2-20）式还表达了新投资者相对现有投资者的比例对资金流入的影响。在基金市场膨胀时期，新投资者大量涌入，注意效应和参与效应更加显著，基金的业绩与资金净流量之间的关系的非对称程度会增加，即图2.1中曲线②的右端的斜率上升，向上弯曲程度增加。

2.4.3 税收转换操作

税收负担始终是投资者考量的重要因素。持有业绩表现不佳的基金的投资者在选择赎回实现亏损后，可以抵扣相应的税收。所以，出于税收考量，投资者可能偏好赎回业绩较差的基金，这是FPR呈现正相关的一个原因（见图2.1）。Ivkovic和Weisbenner（2006）根据对所获得的投资者账户交易数据的研究发现，投资者出于避税目的以及对基金业绩持续性的信念，愿意卖出价值下降导致亏损的基金品种而不愿卖出价值上涨的基金品种。

在中国，企业投资者申购与赎回基金的差价要计入所得税纳税额，所以也可能出于避税动机而赎回亏损的基金品种，或者进行所谓税收转换（Tax-Swap）操作。具体而言，就是这些机构投资者在赎回单位净值增长率低由此亏损的基金品种以享受抵税的利益的同时，又进行申购单位净值增长率低的基金品种的操作。显然，投资者的结构会影响到我国基金业绩与资金流量之间的关系形态。

2.5 反转预期对 FPR 的影响

2.5.1 反转预期的影响

显然，基金业绩的规律会影响到投资者的行为。如果投资者通过对市场的观察，发现基金业绩不具有持续性，而具有均值反转（Mean Reversion）的规律，那么由此可以形成均值反转预期。我国开放式基金市场建立初期的情况是，在短期内有显著的业绩反转现象（肖奎喜和杨义群，2005）。所以，当短期投资者预期价格（即基金单位净值）走势将发生反转，则可能选择继续持有历史业绩较差的基金，赎回业绩较好的基金品种；还可能会选择申购历史业绩较差的基金。即反转预期既可以影响赎回行为，也可以影响申购行为，对整个 FPR 曲线的形状产生影响（见图2.1）。

另外，投资者还有其他理由产生反转预期。基金不佳的历史业绩并不能预测未来业绩，因为基金市场的竞争压力将迫使这些基金更改投资策略或者更换经理。Lynch 和 Musto（2003）对美国 1985—1995 年间 2 435 只基金进行了实证研究，发现业绩不佳的确会导致基金更换投资策略或经理；而这一改变确实能给基金带来资金流入。

均值反转预期还可以出于人类固有心理。人们对自然和社会的观察发现，均值反转是普遍现象，故面对新的或者不熟悉的事物，具有本能地将均值反转规律应用其中的倾向。如 Andreassen（1987）在试验背景下发现，当股价历史走势被公开前，受试对象倾向于按照均值反转预期进行股票交易；在公布价格资料后受试对象的反转预期则消失。作为新兴的中国开放式基金市场，市场建立初期投资者很可能具有此类反转预期心理。

2.5.2 处置效应与反转预期的区分

处置效应为短期投资者普遍存在的行为心理，而反转预期反映着投资者对业绩规律的看法。除了与处置效应一样会影响投资者对赎回的选择外，反转预期还影响投资者对申购的选择。基金市场规模膨胀是近数十年来各国普遍的现象。大量新投资者和资金涌入，申购行为对净资金流入与业绩之间关系影响增强，而投资者赎回行为的影响相对下降。

处置效应和反转预期均可能在一定情况下使基金的净资金流入与业绩之间呈现负相关关系，但是通过检验申购而非净申购与业绩之间的关系，是可以发现处置效应与反转预期之间的差异的。即：若发现基金业绩与申购率之间呈现负相关关系，则可以认为是反转预期而非处置效应的作用结果。

2.6 基金业绩与资金流入关系：作用力谱与形态变化

2.6.1 作用力谱

从前面的论述可知，即使在无摩擦投资者完全理性的理想市场中，基金业绩与资金流入之间理想的线性正相关关系也不存在。此外，多个因素会对 FPR 产生影响，可能改变其形态。图 2.1 归纳了这些影响因素的作用位置和方向，本书将此图称为作用力谱。在图 2.1 中，直线①代表理想的 FPR 形态，各种影响因素作用于其上，使之不能再保持直线形态。比如注意效应是一个作用力，作用于 FPR 曲线左端，促使其斜率增大；而处置效应是一个相反方向的作用力，作用于 FPR 曲线右端，促使其斜率变小。

2.6.2 基金业绩与资金净流量关系的形态及发展变化

不同影响因素的作用力在不同时期、不同市场中的（相对）大小会不同，故市场将呈现不同的状态，基金业绩与资金流入之间的关系也表现出不同形态。如：图2.1中的曲线②是 Chevalier 和 Ellison（1997）对美国市场年度数据研究的结果（其他文献对美国市场的研究结论与之类似）；而曲线③是陆蓉等（2007）对我国开放式基金市场季度数据的研究结果。国外文献对成熟市场 FPR 的实证研究结论是一致的，即非线性正相关，争论集中在成因上，有的强调市场摩擦的作用，有的强调投资者行为心理的影响。对于作为新兴市场的我国开放式基金市场的不同实证研究，存在着不同的结论：有发现负相关的，如陆蓉等（2007）的研究；也有发现正相关的，如束景虹（2005）发现基金净赎回率与净资产回报率负相关。已有的对我国基金业绩与资金流入关系的不同研究文献的研究方法并无实质区别，而结论却不一致，直接原因是样本区间不同。而这正说明一个问题：作为新兴市场，市场和投资者结构等处于快速发展变化中（图2.2反映了我国基金投资者结构的发展变化），前述各因素的作用力也在发生变化，致使 FPR 呈现出不同的形态。

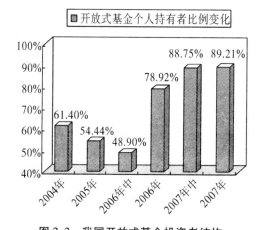

图2.2 我国开放式基金投资者结构

资料来源：《中国证券投资基金行业统计数据》（中国证券行业协会 2008）

市场的发展，伴随着基金数量的增长和投资者数量以及结构的发展而变化。市场摩擦对 FPR 的作用力与市场中基金数量相关。基金数量越多，投资者的信息搜索和处理成本越高，参与效应和注意效应的作用越强。其次，市场摩擦还与投资者结构有关。投资者结构包括新投资者与已有投资者之间的比例关系，机构投资者与个人投资者之间的比例关系。新投资者的比例越高，基金业绩—资金净流量关系曲线的右端斜率越大，不对称关系形态越显著。因为机构投资者有远比个人投资者强大的信息搜索和处理能力，在机构投资者主导的市场中，市场摩擦的作用就比较微弱。此外，在我国，市场中机构投资者的作用越强，税收操作的影响也就越大。机构投资者也比个人投资者理性程度高，受心理因素影响弱。故在机构投资者主导的市场中，处置效应和认知失调的影响就比较微弱。我国开放式基金市场在建立后的一段时期，由机构投资者主导着市场，且基金数量有限。故在这一段时间内，心理因素未发挥足够的力量，FPR 呈现为正相关的形态，比如束景虹（2005）的研究所发现的情形。随着投资者数量剧增，个人投资者主导市场局面的形成，心理因素影响越来越强；加之如前面分析，我国基金业绩在短期内有反转的规律，而短期投资者又主导着市场，反转预期对 FPR 产生重大影响；并且市场中基金数量并不算多（虽然发展迅速，至 2007 年年底也仅 346 只基金，其中 311 只是开放式基金），注意效应和参与效应不强，所以，此后有研究发现 FPR 呈现出负相关的形态也并不难以解释。

2.7　影响资金流的其他因素

2.7.1　宏观因素

综合已有文献，其他影响投资者的资金流的宏观因素包括宏观经济形势、资本市场利率和股票市场行情等。宏观因素会影响所有基金的资金流量。

当宏观经济稳定快速增长，国民收入增加，将增加基金市场的资金供给，即资金流量增加。

资本市场利率主要是通过机会成本的变动影响基金市场的资金流量的。当资本市场利率上升，机会成本上升，会吸引基金投资者将资金投入债券等其他领域，增加资金流出量。Bennett 和 Young（2000）、Santini 和 Aber（1998）对国外成熟市场的实证研究均发现了利率与基金的资金流量之间相关的证据。

股票市场行情会影响基金的绝对收益率，从而对投资者是否进入基金市场的决策产生影响。我国 2006—2007 年股市大牛市期间，基金普遍取得丰厚的收益，同时也因此吸引了大量的投资者涌入基金市场，导致基金规模急剧扩大。

2.7.2 微观因素

2.7.2.1 一般因素

除了分红外，会影响基金资金流量的其他微观因素包括：基金管理费率、申购费率、赎回费率，基金的规模等。

基金的管理费率可以看做是基金为投资者服务的价格。根据经济学一般原理，价格上升，需求下降；价格下降，需求上升。对于基金而言，在其他条件不变的情况下，管理费率高，申购应该减少，资金流量小；管理费率低，申购上升，资金流量大。但是，实践中，管理费率还有信号传递作用：较高的管理费率意味着基金经理较高的投资管理能力，也就意味着未来较高的投资收益。故管理费率对基金资金流量的影响尚须深入地研究。

申购费率是一次性的费用，会影响到投资者的选择。申购费率与管理费率存在差异：申购费率对投资者而言，是非常醒目的；而管理费率是在申购以后从基金净值中扣除，对投资者而言是"隐蔽"的。故对很多投资者而言，可能对申购费率远比对管理费率要敏感。

赎回费率直接影响投资者的赎回决策，也会对投资者的申购决策产生间接影响。实践中，基金一般采取差别费率，即投资者持有期越长，赎回费率越低，以鼓励投资者长期持有。对于持有期非常短的投资者，甚至可以收取惩罚性赎回费率，以抑制投机。

基金规模对资金流量的影响可以通过以下途径。首先，基金规模会对投资者的关于基金管理者能力的判断产生影响。基金规模大，通常意味着基金实力雄厚，其管理者的能力相应也强；并且，基金的规模经常与品牌相关联。但是，基金规模越大，其管理难度也越大，还会对其业绩表现产生影响。

上述微观因素会对单个层次的基金的资金流量产生影响，在进行实证检验时须作为控制变量进入检验模型。

2.7.2.2 基金分红

公司股利政策问题得到了广泛的研究，产生了多种理论；但是对基金的分红问题，目前国内外无论是理论还是实证研究都非常罕见。

虽然我国的《证券投资基金募集运作管理暂行办法》明确规定开放式基金在净值超过面值的基础上，每年至少进行一次分红，且分配比例不低于净收益的90%。但是，分配的时机、次数仍然由基金管理人把握。故基金的分红政策就是关于是否在年度内的某些时点，对前期实现的利润进行分配及分配比例的问题。部分基金因为在 2008 年未分红而被投资者诉诸法律；而在 2006—

2007 年多数基金非常热衷于分红，出现了大比例、高频率分红现象。所有这些现象说明，分红对基金市场具有重要影响。

因为开放式基金的申购赎回按单位净值进行，不像股票价格行为那样复杂，研究市场对开放式基金分红的反应有助于从另外一个角度加深对股利问题的认识；加之开放式基金的规模迅速膨胀，对资本市场影响日益增加，研究此问题有着较大的意义。20 多年来，随着行为金融的兴起，发现了相当多的投资者非理性的行为心理及表现。在基金市场，处置效应会导致投资者赎回盈利的单位净值高的基金；而分红可以降低基金单位净值，会给部分投资者带来"便宜"的幻觉，从而可以吸引更多的申购。对上市公司现金分红，信号传递理论认为可以向投资者传递关于公司盈利质量和能力的信息，从而吸引更多投资，带来公司市场价值的提高。对于开放式基金，现金分红是否可以传递同样的信息？从开放式基金申购赎回价格看，答案是否定的。从运作来看，基金分红可以传递对未来信心的信号：因为基金管理人追求的是规模最大化，分红会降低规模，并且减少能用于弥补将来可能出现的亏损的利润。管理人相信：未来还会继续盈利；分红会带来更多申购。

2.8 小结

基金的业绩与资金流入之间的关系，在理想的市场条件下应该是正相关，并呈现一定的非线性。此外，投资者非理性心理和市场摩擦也会影响二者之间的关系及形态。处置效应、认知失调等会使投资者表现出不愿意从业绩不佳的基金中退出，处置效应还会使投资者表现出偏好赎回业绩优秀的基金。而搜索成本等市场摩擦因素会使得投资者表现出申购时追逐业绩。投资者的反转预期可以来自对基金实际业绩规律的观察，也可以是人类固有的心理。在反转预期心理作用下，投资者将表现出不愿意赎回业绩不佳的基金品种，并偏好申购业绩差的基金品种。在存在着搜索成本和参与成本的情况下，新投资者在全部投资者中所占比例也会影响到 FPR 曲线的形态，新投资者占比越高，FPR 曲线不对称程度越高，市场中名列前茅的基金越能吸引更多的申购资金。

市场在不同发展时期具有不同的特点，包括投资者结构和市场发展程度，各影响因素的作用力不同，可使 FPR 呈现多种形态，但是会随着市场成熟而逐渐向非线性正相关收敛。基金市场成熟的过程，体现在以下变化：基金业绩反转规律消失；长期投资者将主导市场，处置效应和反转预期作用减弱。同时，市场发展伴随着基金数量增加，市场搜索成本上升，参与效应和注意效应作用相对增强。

从本书前面的分析可知，在基金市场发展成熟过程中，基金业绩与资金流入之间的关系并不稳定，可能在不同时期呈现不同形态。而业绩与资金流入之间的关系显然会影响基金经理的投资行为。值得重视的是，基金经理非效率的投资行为对资本市场带来的不良影响，尤其是对市场稳定的不良影响。基金本身并不能稳定资本市场，这与希望通过发展基金来稳定资本市场的初衷不符。

3. 中国基金市场的特点

基金的业绩与资金流量之间的关系受市场发育程度、规模、投资者结构及其发展变化等市场因素的影响。基金市场的这些特征又与基金市场的发展动因、历史相关。故分析中国基金的业绩与资金流量之间的关系，须先分析中国基金市场的历史与现状的特点。

总体来讲，中国基金市场是在政府扶持下超常规地迅速发展起来的，基金公司、基金产品高速增长，投资者结构经历过重大变化，在较早时期机构投资者曾经占重要地位，后来个人投资者占绝对多数，其中短期投资者多，新投资者占很大比例。

3.1 中国基金市场的发展

我国最早对基金的基本运作进行规范的法规是《证券投资基金管理暂行办法》，对其发起、管理、托管和信息披露等作出了规定，最关键的是限定基金的投资范围为流动性较高的证券，包括国债和公开发行上市的股票。在该暂行管理办法正式颁布之前（1997 年 11 月），中国就存在一批投资基金（截至 1997 年 10 月其数量为 72 只，共募集资金约 50 亿元），被称为"老基金"。老基金具有基金产业发展初期的特点，规模小、发起人构成复杂、投资范围广，且都是封闭式基金。《证券投资基金管理暂行办法》颁布后，中国基金产业从此进入新的较为规范的发展阶段。从 1998 年 3 月起，新基金陆续发行上市，规模远大于老基金。老基金则在 1999 年 3 月后陆续实现了向新基金的转换。

在我国股票市场发展初期，投资者以散户为主，市场波动剧烈，监管部门希望通过引入和培育理性的有长期投资理念的机构投资者，以达到改善投资者结构、稳定资本市场的目的。在 2000 年，中国证券监督管理委员会提出了"超常规发展机构投资者"的战略，重点是发展基金，并大力鼓励创新。2001

年 8 月后出现的开放式基金对我国基金市场而言是一个重大创新，其激励与约束机制优于封闭式基金，能更好地解决委托代理问题，很快成为基金市场的主流产品并极大地促进了基金市场发展。到 2007 年年底，我国基金市场已推出了绝大多数成熟市场拥有的基金品种，全部 346 只基金资产净值合计达到了 3.3 万亿元，其中 311 只为开放式基金，净值超过了 3 万亿元。证券投资基金对资本市场的影响力也快速增长。2002 年我国基金持股市值为 800 亿元，占流通市值的 5%，而到 2007 年年末基金持股市值就达到了流通市值的 25.7%（中国证券监督管理委员会，2008）。而在美国，投资基金持有股票市值占比由 4% 上升到 24% 用了 24 年（1955—1979 年）（图 3.1）。

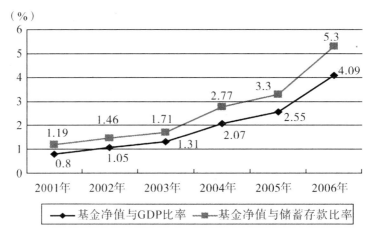

图 3.1　我国基金净值与 GDP 和储蓄存款比率

资料来源：中国证券业协会（2008）

3.2　基金公司及基金净值

在我国证券投资基金出现后的十余年间，尽管我国资本市场起伏跌宕，但是基金市场规模一直高速增长。我国基金管理公司由 1998 年的 6 家发展到 2009 年年底的 60 家，增加了近 10 倍（见图 3.2）；证券投资基金由 5 只发展到 2012 年年底 1 000 余只，增长了 200 多倍；总的基金份额数 2004 年年底不足 2 400 亿份，2008 年年底增长到 24 851 亿份，增长了 10 倍（见图 3.3）。虽然我国证券投资基金增长迅速，但是考虑到我国的经济和资本市场规模，从国际比较的角度看，我国基金市场仍然具有很大的增长空间。图 3.4 为我国基金规模和部分国家的比较。

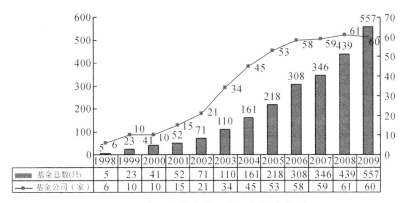

	1998	1999	2000	2001	2002	2003	2004	2005	2006	2007	2008	2009
基金总数(只)	5	23	41	52	71	110	161	218	308	346	439	557
基金公司（家）	6	10	10	15	21	34	45	53	58	59	61	60

图 3.2　我国的基金管理公司与基金数量

数据来源：中国证监会

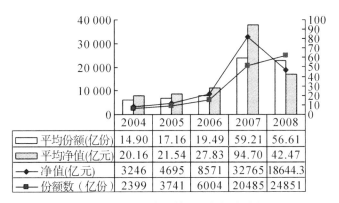

	2004	2005	2006	2007	2008
平均份额(亿份)	14.90	17.16	19.49	59.21	56.61
平均净值(亿元)	20.16	21.54	27.83	94.70	42.47
净值(亿元)	3246	4695	8571	32765	18644.3
份额数（亿份）	2399	3741	6004	20485	24851

图 3.3　近 5 年我国基金份额与净值数

数据来源：中国证券业协会（2008）

　　我国基金市场已推出了绝大多数成熟市场拥有的基金品种，如 2002 年出现了债券基金、指数基金，2003 年出现了伞形基金、保本基金和货币基金，2004 年出现了可转债基金、LOF 基金和 ETF 基金，2005 年出现了中短债基金，2006 年出现了 QDII 基金。总体而言，开放式基金已成为我国基金市场的主流品种，封闭式基金则被逐渐边缘化，部分已经转为开放式基金（图 3.5 为我国开放式基金与封闭式基金数量发展变化情况）。

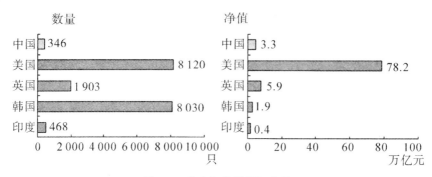

图 3.4　基金规模的国际比较

注：中国的数据为 2007 年年底的数据，其他国家为 2006 年的数据

资料来源：中国证监会 2008

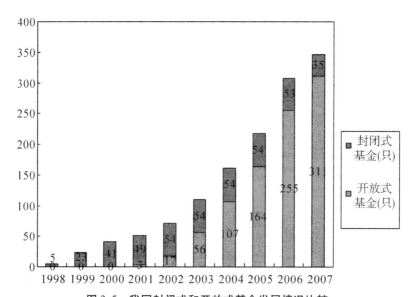

图 3.5　我国封闭式和开放式基金发展情况比较

数据来源：《中国证券投资基金行业统计数据》（中国证券行业协会 2008）

3.3　投资者及其结构

我国开放式基金市场投资者的结构具有两方面的特点：一是投资者结构发生过重大变化，机构投资者曾经在一些时期具有重要影响；二是新投资者占据

非常高的比例。

我国居民对集合投资的需求非常强烈。市场化改革和创新极大地释放了我国基金产业的潜力，也提升了基金产业的整体业绩水平。随着基金数量的增加和新产品的不断推出，基金投资者人数急剧上升。这从市场主流产品开放式基金的投资者开户数与有效账户数情况可以看出，2004 年年底总账户数为 542.9 万，仅仅 4 年后，总账户数剧增至 1.68 亿户（见表 3.1）。由投资者账户数的急剧膨胀可以断定，在基金的申购交易中，其中非常高的比例是"新投资者"所为。

表 3.1　　　　　　　　我国开放式基金投资者开户数情况

年份	2004	2005	2006	2007	2008	2009
总账户数（万户）	542.9	792.27	2 052.77	14 858.25	16 846.51	18 641
增长率（%）	—	45.93	159.10	623.81	13.38	10.65
有效账户数（万户）	398.86	573.88	1 087.12	8 538.16	8 459.42	8 092.5
增长率（%）	—	43.88	89.43	685.40	-0.92	-4.34

资料来源：根据中国证券业协会《基金行业统计数据（2010）》整理

3.3.1　投资者结构及其变化：机构投资者与个人投资者

基金投资者中，个人投资者占主导地位，绝大多数投资者账户是个人投资者持有。2004 年以来，无论是总账户数还是有效账户数，机构投资者持有的不到 2%。但在我国基金市场发展历史的一些阶段，机构投资者曾经占相当甚至主导地位。从持有的基金份额和基金净值来看，2004 年年底，机构投资者的市场占比约为 40%，2005 年年底为 47% 左右。进入 2006 年后，大量个人投资者涌入市场，使情况发生了根本性的转变。截至 2006 年年底，个人投资者的持有基金份额和净值的比重就达到了 80% 左右；截至 2007 年年底，个人投资者持有基金份额数占市场的比重达 91.28%，持有基金净值占市场的 88.70%（见表 3.2）。所以，2004 年、2005 年和 2006 年机构投资者是基金投资的主力，其申购金额占总申购金额的比例均超过 50%。2007 年后个人投资者占主导地位，比如在 2007 年当年"个人申购金额占比激增至 87.81%，机构投资者申购金额仅占总金额的 12.19%"①。

_____

① 中国证券业协会《2004—2007 年基金投资者基本情况分析》

表 3.2 　　　　　　　　　　个人与机构投资者的情况对比　　　　　　单位:%

时间点	2004-12	2005-12	2006-12	2007-12	2008-12	2009-12
个人占总账户数比例	98.86	98.48	99.10	99.83	99.88	99.84
机构占总账户数比例	1.14	1.52	0.90	0.17	0.12	0.16
个人占有效账户数比例	99.23	99.26	99.62	99.86	99.94	99.90
机构占有效账户数比例	0.77	0.74	0.38	0.14	0.06	0.10
个人占总基金份额比例	61.30	53.35	81.72	91.28	85.59	82.44
机构占总基金份额比例	38.70	46.65	18.28	8.72	14.41	17.56
个人占总基金净值比例	60.47	53.71	76.03	88.70	81.48	81.77
机构占总基金净值比例	39.53	46.29	23.97	11.30	18.52	18.23

资料来源:根据中国证券业协会《基金行业统计数据(2010)》整理

　　机构投资者占比下降,与保险公司的投资渠道情况变化相关。保险公司是我国基金的主要机构投资者。2006 年及以前,保险公司持有的基金净值占全部机构投资者持有的基金净值一半左右。当时的监管政策规定:保险公司不能直接投资于股票市场,只能通过投资证券基金的方式间接投资于股票。近年来监管部门对保险公司的资金运用渠道的限制不断放宽,2007 年后已可直接投资于股票市场,故投资于证券基金的保险资金比重已经大为下降。

3.3.2　机构投资者与个人投资者的赎回行为

　　中国证券业协会 2010 年发表的《基金投资者调查分析报告》表明,机构投资者的赎回行为较个人投资者更为频繁。从平均每户赎回笔数来看,机构投资者此前三年都比个人投资者多。比如 2009 年个人投资者平均每户赎回笔数为 0.43 笔,而机构投资者平均每户赎回笔数为 2.67 笔(图 3.6)。

3.3.3　投资者的年龄结构

　　我国基金投资者以中青年为主。从不同年龄段的投资者数量看,30~40 岁为最大的投资者群体。最近三年,30~40 岁投资者的账户数在所有个人投资者的账户数中占比始终最大。以 2008 年为例,这个年龄段的投资者占个人投资者总账户数的 30.04%(见图 3.7)。

　　从不同年龄段投资者持有的基金净值看,40~50 岁的中年投资者是主力。他们持有的净值的占比始终最大,并且有上升的趋势。从每户平均持有基金净值来看,户平均持有基金净值与投资者年龄正相关(见表 3.3)。这一现象显示,我国出于养老目的的基金投资者有不断增加的趋势。

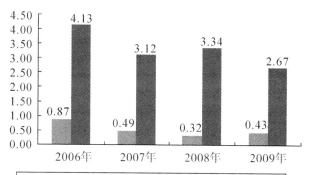

图 3.6　个人投资者与机构投资者的每笔赎回金额

资料来源：中国证券业协会《基金投资者调查分析报告》（2009）

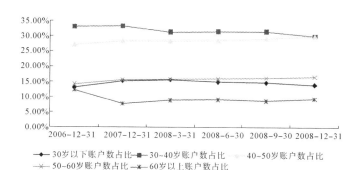

图 3.7　我国开放式基金个人投资者的年龄结构

资料来源：中国证券业协会

表 3.3　　　　　　　**不同年龄段个人投资者拥有的市值**　　　　（单位：亿元）

时　　点	2004-12	2005-12	2006-12	2007-12
30 岁以下	71.99	94.78	289.80	1 953.87
30~40 岁	269.17	344.96	1 052.95	6 145.81
40~50 岁	303.22	383.43	1 085.90	6 976.71
50~60 岁	319.69	253.13	629.43	4 167.62
60 岁以上	171.05	230.82	735.36	2 814.15

资料来源：中国证券业协会（2008）

3.3.4 投资者持有的基金净值分布

我国基金投资者呈现散户化的趋势，绝大多数个人投资者持有的基金净值在 10 万元以下。

2007 年以后，随着机构投资者投资金额的占比甚至绝对金额下降，同时大量个人投资者涌入，我国基金市场中小额投资者比例显著上升，持有 10 万元以上基金净值的投资者比例则有不同程度的减少（见表 3.4）。

表 3.4 　　　投资者持有开放式基金资产净值账户分布情况　　　单位:%

	2006-12-31	2007-12-31	2008-12-31	2009-12-31
10 万元以下账户占比	89.93	94.65	97.50	96.47
10 万~50 万元账户占比	8.50	4.76	2.23	3.18
50 万~100 万元账户占比	0.62	0.37	0.17	0.23
100 万~500 万元账户占比	0.32	0.22	0.09	0.11
500 万元以上账户占比	0.63	0.01	0.01	0.01

资料来源：中国证券业协会《基金投资者调查分析报告》（2009）

3.4　养老金与我国基金产业的发展

基金产业繁荣壮大，需要一定的社会基础，其中一项是社会保障体系的发展与完善。企业年金等各类养老金参与资本市场往往会选择证券投资基金。美国 1981 年开始的个人退休金账户养老计划（IRA）对证券投资基金的发展起到了重大的推动作用。按照该制度设计，计划参与者可以直接管理自己 IRA 资产的投资，而不需要雇主或者任何机构的控制。投资基金利用自己特有的优势获得了 IRA 计划参与者的青睐，规模迅速膨胀，截至 2005 年年末，美国共同基金资产达 8.9 万亿美元，其中超过三分之一的为养老金资产。

由于历史原因，我国当前享受养老金的老人数量远远超过缴纳养老金的年轻人，为一种"现收现付制"，2005 年征缴总收入近 5 000 亿元，支出 4 640 亿元。所以我国养老金规模积累非常有限，并且无法进入资本市场，使得我国基金业可以利用的资金来源远不如发达资本市场，发展的基础显得薄弱；同时，由于并非以养老为目的，我国基金的个人投资者中有很高比例的非长期投资者，其短期投资行为也会影响到基金业的稳定发展。

3.5 发展基金与稳定股市政策的一个内在矛盾

在美国、日本等资本市场发达的国家，股票市场个人投资者很少，投资基金为投资的主体，这被认为是这些市场相对较稳定的一个重要原因。基金的投资规模大，信息收集处理能力强，投资行为相对理性，一般认为其会注重长期业绩的增长，而较少在市场上频繁进出，故能减少资本市场的波动，在客观上能起到稳定市场的作用。

然而，在我国的实践中，证券投资基金的表现并非如此。首先，基金并未成为管理层所期望的长期投资者。来自交易所的统计数据显示，我国基金的平均持股时间很短，交易非常频繁（见图 3.8）。其次，基金的投资理念、投资标的等方面表现出较大的同质性，这容易引发羊群行为，更不利于股市的稳定（2007 年 3 季报显示，深沪两市 1 500 家上市公司中，基金股票投资中大约40%的资金投资于 100 只股票，基金持股超过流通盘 30%的股票有 15 只，超过流通盘 20%的股票有 46 只）。何佳等（2007）通过实证研究发现，我国基金的交易行为在一些时候确实增加了股市的波动。

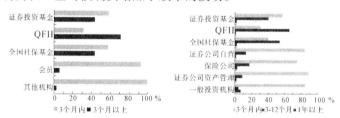

图 3.8 股票市场投资者持股期限结构分布

资料来源：《中国资本市场发展报告》（中国证券监督管理委员会 2008）

3.5.1 份额开放机制为基金产业发展的重要推动力

证券投资基金制度通过基金的所有权与控制权的分离，实现了对基金资产的专业化管理。在基金投资者和管理人之间，信息不对称情况非常严重，这就有了产生逆向选择和道德风险这两种委托代理问题的可能性。在签订契约之前，投资者不了解管理人的能力，基金市场可能会出现类似于经典的旧车市场逆向选择问题；在签订契约之后，由于基金业绩受多个因素影响，并非完全取决于管理人的能力和努力程度，使得委托人（投资者）难以对代理人（基金管理人）进行有效监督，故又可能会出现道德风险问题。

委托代理问题越严重，越不利于市场发展。在经典的旧车市场模型里（Akerlof，1970），由于买卖双方关于旧车质量的信息不对称，买者只能根据市场统计来评价商品质量，导致好车被驱出市场，即出现逆向选择，市场失效，帕累托最优的交易不能实现，市场规模大为萎缩。在基金市场，买卖双方信息不对称比旧车市场更为严重（在我国则更甚，因为我国基金历史很短，多数基金为历史不过2年的新基金，投资者更难获得关于基金管理人的能力的信息），低能力的管理人有极强的动机伪装成高能力的，风险规避的投资者很可能放弃投资机会以规避此类风险，从而妨碍基金市场的发展。根据信息经济学理论，解决逆向选择问题的一个方法为拥有私人信息的代理人把信息传递给对方。开放式基金允许投资者在运营期间随时按净值赎回，这是一个昂贵的承诺，可以看做是向委托人（投资者）发出相关信号的可以置信的行为；而从风险分担和控制角度看，这使投资者拥有更大的主动权。显然封闭式基金无法做到这一点。所以，份额开放机制使得开放式基金在解决事前信息不对称问题方面比封闭式基金拥有了极大的优势。

解决道德风险问题的一个主要途径是建立起有效的激励与约束机制，在这一方面，开放式基金也比封闭式基金具有较大的优势。一般情况下，不论基金业绩如何，基金管理人都要按期按基金资产提取一定比例的管理费。由于封闭式基金在封闭期内不能赎回，基金资产在经理手中掌握着，投资者在二级市场"用脚投票"也只是在投资者之间进行，除非到期清盘，否则与基金管理人无太大关系。只要在封闭期（一般为8~15年）内，基金管理人无论业绩如何都可以获得可观的固定收益。所以，封闭式基金不能很好地解决对管理人进行有效约束的问题。而开放式基金没有封闭期，管理人要随时直接接受投资者的认购和赎回。当基金业绩表现不佳时，投资者赎回，基金公司管理费收入下降；当投资者达成对管理人投反对票的市场共识时，大规模赎回将导致基金清盘。所以，开放式基金管理人面临极大的经营压力，必须勤勉工作。当然，基金业绩表现好时，可以吸引投资者更多地申购，管理人得到提取更多的管理费收入的激励。

封闭式基金由于不必准备现金以防可能的净赎回，可以采用长期投资战略，而无保持一定流动性的压力，理论上在其他条件相同时其业绩应该好于开放式基金。然而，事实上是在开放式基金出现后，其运作机制得到了更多投资者的青睐，世界各国的证券投资基金的发展历程基本上遵循了由封闭式转向开放式的发展规律。目前在世界范围内开放式基金已经成为市场主流品种，如1996年美国开放式基金与封闭式基金的比就达到了27.54：1。所以，阻碍基金市场发展的因素中，委托代理问题更为突出。我国证券投资基金诞生在 20 世纪 90 年代，最初只有封闭式基金，发展缓慢；在 2001 年引进开放式基金后，证券投资基金的规模和数量才得到飞速发展。而封闭式基金则已经被逐渐边缘化，部分已经转为开放式基金。在 2007 年年底，我国全部 346 只基金中有 311 只为开放式基金，全部基金资产净值合计 3.3 万亿元，其中超过 3 万亿元属于开放式基金。

3.5.2　基金投资者的短期行为可向股市传导

引进份额开放机制，在改善基金治理从而极大地促进基金产业发展的同时，也破坏了前述基金稳定股市的功能的前提假设。基金经理出于自身利益考虑，资产管理决策必须高度关注基金投资者的反应，长期投资而不是投机等理念可能由于受到基金投资者短期行为的压力而被迫放弃，使得基金投资者的短期行为可以较容易地传导到股票市场，从而破坏基金稳定股票市场的功能。

在股票市场过热出现泡沫时，基金经理出于理性投资理念，本应该卖出甚至离场，如此在客观上能达到减少泡沫、稳定市场的作用，但是，在目前的报酬制度下，基金经理从最大化个人效用的目的出发，反可能进一步买入从而加重股票市场泡沫。

基金经理的利益来自两个方面：一是与基金净值规模正相关的管理费收入；另一方面是本人的业绩排名（关系到个人的声誉和报酬）。在股票市场行情高涨甚至过热时，这往往会吸引"热钱"蜂拥而来申购，基金可供投资资金增多；由于行情持续时间具有不确定性，基金经理若不跟进买入，则基金业绩增长排名将落后于同行，基金净值规模增长也会受到影响。所以，基金经理在股票市场行情高涨时可能被迫买入，期待在行情出现反转迹象时再抛售出逃。

在股票市场出现大幅度下跌甚至市场出现恐慌时，股票资产价值被低估，遵循长期投资理念，此时应该是买入并持有的机会，同时也能起到稳定市场的作用。但是，由于股票市场存在大量的噪声交易者，其交易行为可能使得这些资产价格进一步下降，若基金购入者持有这些资产，会导致基金净值在短期内下降，而基金短线投资者通常会在基金净值出现下降时赎回。所以如 Shleifer 和 Vishny（1997）所指出的那样，基金经理即使发现了这样的长期看来是有利的套利机会，但是由于害怕基金资产短期内的缩水可能会引起投资者的赎回，基金经理也不敢买入。相反，在股票市场行情下行时，基金经理有强烈的卖出动力，从而进一步加重市场下跌。因为如果继续持有，基金经理所管理的资产净值就会下降，其业绩排名也可能因此落后于选择卖出离场的同行。

3.5.3 我国基金投资者结构的影响

目前我国基金投资者的情况与早期股票市场非常相似，散户特征非常明显，主要特征是以个人投资者为主，持有期短，交易频繁，并导致基金市场出现剧烈波动。我国基金投资者的这一行为特征，如果传递到股票市场，显然不利于股票市场的稳定。

相对于美国基金投资者平均 7 年的持有期，我国开放式基金投资者的持有期限非常短。根据赎回率计算，在 2007 年，我国基金投资者平均持有期限只有 5 个月。显然，两国基金所吸引的资金来源有很大的差异。根据美国投资公司协会（ICI）2006 年的调查统计，美国有高达 92% 的基金投资者是出于退休的目的。而我国基金则吸引了大量的原来股票市场上的散户投资者，其投资于基金的行为仍然是原来的散户模式，使得基金市场很容易发生大的波动。图 3.9 为根据全部非货币开放式基金的数据计算的平均业绩（净值增长率）和资金流入情况。

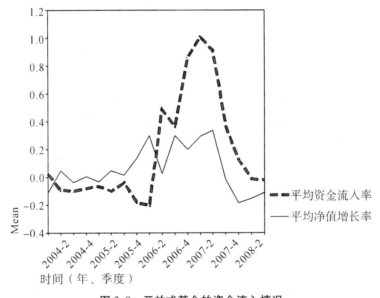

图 3.9 开放式基金的资金流入情况

资料来源：根据 Wind 资讯数据计算制作

单个基金资金流入率的计算方法如下：

基金 i 在 t 期的资金流入率

$$flow_{i,\,t} = \left[TNA_{i,\,t} - (1 + R_{i,\,t})\, TNA_{i,\,t-1} \right] / TNA_{i,\,t-1} \qquad (3-1)$$

$TNA_{i,t}$ 为基金 i 在 t 期末的总净资产，根据期末单位净值和份额数计算；$R_{i,t}$ 为基金 i 在 t 期的收益率，即基金 i 在 t 期的复权单位净值增长率；$TNA_{i,t-1}$ 为基金 i 在 $t-1$ 期末的总净资产。

3.5.4 小结

当信息不对称问题严重时，市场会是稀薄的，甚至不存在。由于信息不对称产生的委托代理问题是制约基金产业发展的一项重要因素，开放式基金出现后，其激励与约束机制比封闭式基金有显著的优势，能更好地解决逆向选择和道德风险问题，从而替代封闭式基金成为市场主流，并大大促进了基金市场的发展。但是，在开放式基金高速发展并成为市场主流产品的同时，其份额开放机制也使得基金投资者的短期行为可以被传导到股票市场。我国基金投资者具有很强的散户特征，交易频繁，持有期短，导致基金市场波动剧烈，其行为被传导进入股票市场后，将增加股市波动，从而破坏证券投资基金稳定股市功能。

发挥基金稳定股票市场的功能是我国监管层鼓励发展基金的初衷及政策目标；发展基金是发挥其功能的前提条件，解决妨碍基金发展的治理问题需要引进份额开放机制，但在目前的基金投资者结构下，这会破坏基金稳定股市的功能。于是二者之间产生了矛盾。

解决此问题可以考虑从以下两方面进行：

1. 改革基金激励机制，增加封闭式基金竞争力

鼓励封闭式基金创新，增强其竞争力。如考虑在封闭式基金中推广浮动管理费率，完善对封闭式基金管理人的激励约束制度，以达到增强其竞争力的目的。

2. 改善基金投资者结构，吸引长期稳定资金

（1）吸引更多机构投资于基金

增加机构投资者的比重，有利于改善基金投资者结构。但现行法规并不利于鼓励机构投资于基金，机构投资于股票和基金的投资收益是应税所得，金融机构（包括非银行金融机构）投资者申购赎回基金份额的差价收入还要征收营业税。

（2）研究引入养老金等长期稳定资金的可能性

我国基金应该吸引更多的长期稳定的资金，而养老保险金为最佳对象。监管部门可以考虑借鉴美国在这方面的经验，研究允许人们自己管理个人养老金

账户的投资，而基金的特点决定了其将是人们主要选择的投资对象之一。

（3）推广定期定额投资

美国基金投资者平均持有期长，一个重要的原因是存在大量的定期投资者。根据美国投资公司协会的统计，通过固定缴费计划账户持有基金的投资者超过6成。定期定额投资方式的推广，将为我国开放式基金提供更多稳定的资金来源。

（4）引导基金费率结构调整

调整基金申购和赎回费率结构以及调整基金销售佣金结构，可以引导投资者长期持有基金。采用后端收费可以在一定程度上抑制投资者的赎回行为；提高赎回费率，可以降低投资者赎回的频率；降低长期持有基金的投资者的申购赎回费率，可以鼓励投资者延长持有期限；对长期持有同一只基金的费率优惠越多，对投资者长期持有的激励作用越强。

对理性程度不高的投资者，其交易行为受基金销售人员影响很大。降低基金首次销售费率，提高基金销售的尾随佣金，可以引导基金销售人员鼓励投资者长期持有同一只基金。

4. 中国开放式基金的业绩及业绩的持续性

基金的业绩是投资者可以直接观察到的特征，会直接影响到投资者的决策。基金整体的业绩表现关系到基金产业对投资者的吸引力，关系到投资者结构和总体资金流量。那么，应该如何评价基金的业绩？实际市场中的投资者又是怎么选择评价业绩指标的？从研究 FPR 角度出发，应该如何选择业绩指标？我国基金的业绩表现如何？这是本章将讨论的问题。

本章还要讨论的一个问题是我国开放式基金业绩的持续性问题。基金的业绩是否具有持续性一方面涉及资本市场的有效性问题，另一方面，在实际的市场中则会影响到基金投资者所选择的交易策略。

从 20 世纪 70 年代开始，国外学术界就开始了对基金业绩以及业绩持续性的研究。

4.1 我国开放式基金的业绩

4.1.1 业绩评价方法

衡量基金业绩最简单的方法是使用原始的收益率指标，因为要考虑到期间分红的影响，故一般采用复权单位净值增长率。其计算如下式：

$$R_{i,t} = \frac{TNA_{i,t} - TNA_{i,t-1} + DIV_t}{TNA_{i,t-1}} \tag{4-1}$$

其中，$R_{i,t}$ 是基金 i 在 t 期的考虑了分红的原始收益率，$TNA_{i,t}$ 为基金 i 在 t 期期末的总净值，DIV_t 为该基金 i 在 t 期总的分红金额。原始收益率指标简单直观，也为广大基金投资者所关注，但是其缺陷也是明显的。作为绝对收益率，原始收益率指标不能反映市场行情、基金投资组合所承担风险等重要因素的影响，从而使其无论纵向还是横向的可比性都不高。

为了反映市场行情的影响，对原始收益率指标的一种改进方法是引入市场收益率，得到经市场调整后的收益率：$R_{i,t} - R_{m,t}$，其中 $R_{m,t}$ 是市场收益率，一般采用市场指数收益率。经市场调整后的收益率，仍然没能反映基金投资组合所承担的风险大小。此外，基金一般会有公开的业绩比较基准（多为特定的指数或多个指数的加权平均），可使用其业绩比较基准调整收益率。

目前学术界广泛使用的风险调整业绩评价指标有 Jensen（1968）提出的詹森 α、Fama 和 French（1993）提出的三因子模型 α（FF 模型 α）和 Carhart（1997）在 FF 模型的基础上加入动量因子构建的四因子模型 α。Carhart 提出的四因子模型可以表示如下：

$$R_{i,t} - R_{ft} = \alpha_i + \beta_r RmRf_t + \beta_s SMB_t + \beta_h HML_t + \beta_m MOM_t + e_{i,t} \qquad (4\text{-}2)$$

（4-2）式中，$R_{i,t}$ 是投资者持有基金 i 在 t 月的收益率，根据基金的累计单位净值计算得到。R_{ft} 为月度无风险利率，由三月期央行票据收益率折算得到。市场超额收益率 $RmRf_t \equiv Rm_t - R_{ft}$，$Rm_t$ 为锐思金融数据库中考虑了现金红利再投资的综合月市场回报率（流通市值加权），SMB_t 为规模（size）因子模拟组合月度回报率（流通市值加权），HML_t 为净市值比率（book-to-market）因子模拟组合月度回报率（流通市值加权），均直接来自于锐思金融数据库。MOM_t 是动量因子模拟组合月度收益率，由本书按照 Carhart（1997）提出的方法计算得到。其计算过程如下：根据深圳市场、上海市场全部股票（包括中小板、创业板）过去 11 个月的持有期收益率 $R_{i,(t-11,t-1)}$，构建两个模拟组合：$R_{i,(t-11,t-1)}$ 最高的 30% 的股票组成高历史收益组合 MH，计算高历史收益组合 MH 在当月的平均收益率 MH_t；$R_{i,(t-11,t-1)}$ 最低的 30% 的股票组成低历史收益组合 ML，计算低收益组合 ML 在当月的平均收益率 ML_t。最后计算 $MOM_t = MH_t - ML_t$。当（4-2）式不含 MOM_t 时，即为 FF 模型，从 FF 模型中去掉 SMB_t、HML_t 即得到詹森单因子模型。

如果 α_i 显著为正，说明基金投资组合的收益在经过风险调整后的表现是优异的，获得了超额收益率，基金经理积极管理投资组合的行为为投资者创造了价值；如果 α_i 显著为负，则说明基金的投资组合经过风险调整后的表现较差，其业绩表现落后于市场。虽然 SMB_t、HML_t 和 MOM_t 是否为风险报酬的来源目前还存在着争议，但就本书的研究目的而言，这并无影响。本书的目的是考察积极管理的基金是否为投资者创造了价值，所以 SMB_t、HML_t 和 MOM_t 在此都可以解释为某个消极管理的投资组合的收益率，此时 α_i 可以理解为基准调整后的收益率（Benchmark Adjusted Return）。

4.1.2 我国开放式基金的业绩

国外的研究认为，在扣除相关费用后，基金业绩并不优于市场指数，如 Jensen（1968，1969）、Elton（1996）的研究；但是也有部分研究认为从事积极投资策略的基金经理具有显著的股票挑选能力，如 Grinblatt 和 Titman（1989，1993）。

本节选择我国开放式基金中属于积极管理的部分进行统计分析。本书所使用数据均来源于锐思金融数据库（www.resset.cn）。该数据库按照"基金类型""投资类型"和"投资风格"三个标准分别对基金进行分类。本书考察对象为积极管理型的开放式证券投资基金，选择样本基金的步骤如下：①选择"基金类型"为开放式的全部基金；②删除其中"投资类型"为指数型、优化指数型、债券型和现金型的基金；③再删除"投资风格"为保本型、偏债型的基金以及 QDII 基金。样本为基金月度收益率数据，要求进入样本的基金在 2011 年 6 月底时，至少存在 12 个月以上的交易记录。最后符合条件的基金共有 318 只。样本期为 2002 年 1 月至 2011 年 6 月，即各基金评价期的起始日为其成立日，截止日期为 2011 年 6 月 30 日。本书如此处理基金业绩评价期，与国内已有研究不同，不过在国外研究中并不罕见。Fama 和 French（2010）在对开放式基金业绩进行检验时，就采用了与本书类似的处理方法。

4.1.2.1 对基金组合的检验

为了对基金的整体表现作出评判，本书作者使用全部样本基金构造了一个等权基金（Equal Weight Fund，EW Fund）组合（所有基金在组合中占相同权重）和一个加权基金组合（各基金以期初的总净值为权重，Value Weight Fund，VW Fund）。使用（4-2）式对等权基金组合的回归所得截距值（α），反映的是积极管理的开放式基金的平均业绩；而对加权基金组合回归所得截距值（α），反映的是全部积极管理的开放式基金掌管的总资产的业绩。

表 4.1 给出了回归结果。表中 coef 为相应系数（截距）的回归值，t（coef）是系数的 t 值。表中上半部分是对等权基金（EW）组合的回归结果；下半部分是加权基金组合的回归结果。可以看出，无论是等权基金组合还是加权基金组合，Chart 四因子模型 α 均在 1% 水平下显著为正。表明整体而言，积极管理型开放式基金取得了超过基准的业绩表现，为投资者创造了价值。从表 4.1 还可以看出，使用四因子模型进行风险调整后，平均而言，投资者可以获得每年 7% 的超额收益。这一收益率是投资者的持有期收益率，没有考虑到投资者的申购与赎回费用。

表 4.1　　　　　　　　对等权基金组合与加权基金组合回归结果

	$\alpha * 12$	$RmRf_t$	SMB_t	HML_t	MOM_t	Adj R^2
EW returns						
coef	0.07 ***	0.54 ***	0.04 ***	−0.10 ***	0.22 ***	0.69
t（coef）	21.14	197.18	6.17	−12.16	31.73	
VW returns						
coef	0.07 ***	0.54 ***	0.00	−0.06 ***	0.16 ***	0.70
t（coef）	18.05	177.04	0.50	−6.24	17.80	

注：*** 表示 1% 水平显著，** 表示 5% 水平显著，* 表示 10% 水平显著。

市场超额收益率的回归系数 β_t 值为 0.54，这意味着我国积极管理型开放式基金配置投资组合的系统风险较低（其中一个原因是在投资组合中配置有一定比重的债券）。等权基金组合的规模因子 SMB_t 的回归系数为正（0.04），而加权基金组合的规模因子的回归系数则等于 0，说明小型基金倾向于将资产配置于小市值股票，而大型基金倾向于将更多的资产配置到大市值股票上来获取更高的收益。价值因子 HML_t 的回归系数为负，但在经济意义上不显著，"价值效应"不显著，表明价值因子对我国开放式基金收益的解释力较弱。无论是等权基金组合还是加权基金组合，动量因子 MOM_t 的回归系数均显著为正，表明动量效应很显著，实施动量策略有助于改善基金的业绩。

4.1.2.2　单只基金的业绩

本书使用四因子模型对每只样本基金进行了回归计算，其统计结果见表 4.2。

表 4.2　　　　　　　　　　　积极管理型基金的业绩

	平均值	标准差	最小值	25%分位数	中位数	75%分位数	最大值	1%水平显著比例
α_i	0.003 6	0.006 9	−0.030 3	−0.001 4	0.004 3	0.008 6	0.018 8	24.53
$RmRf_t$	0.566 3	0.174 5	0.052 7	0.430 1	0.564 5	0.696 7	1.109 7	98.11%
HML_t	−0.185 4	0.206 0	−0.845 3	−0.301 5	−0.161 8	−0.055 0	0.591 9	14.15%
SMB_t	−0.051 5	0.248 0	−1.080 5	−0.193 2	−0.094 5	0.063 4	1.166 0	15.09%
MOM_t	0.251 3	0.197 3	−0.591 4	0.151 8	0.220 8	0.331 8	0.814 0	40.25%

前面对基金组合的检验表明，平均而言积极管理型开放式基金取得了超过

基准的业绩表现。但是，对单只基金 α 值的计算结果显示，这只是少部分基金业绩非常突出的结果，而多数基金并未能取得超出基准的业绩表现。

从表 4.2 可以看出，318 只基金的 α 值的平均值（0.003 6）和中位数（0.004 3）均大于 0，但是只有 78 只基金（占全部样本基金的 24.53%）的 α 值在 1% 水平下显著大于 0；而有 179 只基金的 α 值在统计上与 0 无差别（10% 水平不显著）。还存在少量业绩差、表现落后于基准的基金：有 4 只基金（占全部样本基金的 1.3%）的 α 值在 5% 水平显著小于 0，还有 1 只基金的 α 值在 1% 水平显著小于 0。另外，本书还使用詹森单因子模型和 FF 模型计算了风险调整的收益，结果发现基金的业绩表现比使用四因子模型计算的结果差很多。比如，使用詹森单因子模型计算，只有 16% 的基金（52 只）能取得在 5% 水平显著超过市场表现的业绩；而使用 FF 模型计算，有约 10% 的基金（31 只）的业绩在 10% 水平下显著落后于基准。

4.1.2.3 绩优基金的特点

绩优基金（定义为 α 值在 1% 水平显著大于 0）与 α 值未达到在 10% 水平显著大于 0 的普通基金相比，具有以下特点：首先，绩优基金的平均年龄明显比普通基金要大，绩优基金的平均年龄为 80.07 个月（中位数 84.90 个月）；而普通基金的平均年龄为 33.49 个月（中位数为 28.58 个月）。其次，平均每只绩优基金所管理的资产规模明显比普通基金大。平均每只绩优基金资产净值为 46.00 亿元（中位数 32.20 亿元）；而平均每只普通基金资产净值为 29.90 亿元（中位数 15.40 亿元）。

绩优基金与普通基金在投资策略上也存在差异。表 4.3 是使用四因子模型对按等权方式构建的绩优基金和普通基金两个组合进行回归计算的结果。从表 4.3 可以看出，绩优基金倾向投资于大市值股票，而很少投资于小市值股票（β_s 为 -0.134 4）；普通基金在投资对象的规模上则并未表现出明显偏好（$\beta_s =$ -0.046 7，值虽然为负，但是在经济意义上并不显著）。从表 4.3 还可以看出，绩优基金的投资组合比普通基金承担更少的系统风险，其 β_r 的值为 0.439 1，而普通基金组合为 0.600 0。

表 4.3　　　　　　　绩优基金组合与普通基金组合的回归结果

	绩优基金	普通基金
RmRf$_t$	0.439 1***	0.6***
	(127.08)	(131.14)

表4.3(续)

	绩优基金	普通基金
SMB$_t$	−0.134 4 ***	−0.046 7 ***
	(−14.3)	(−3.62)
HML$_t$	−0.142 0 ***	−0.235 0 ***
	(−12.01)	(−15.4)
MOM$_t$	0.221 6 ***	0.222 1 ***
	(25.05)	(17.2)
α	0.009 1 ***	0.000 5
	(26.13)	(1.19)
N	6 790	7 599
Adj R^2	0.715 7	0.697 9

注释：括号内的为 t 值，*** 表示 1%水平显著

4.1.2.4 开放式基金的业绩表现对市场的影响

在扣除各项费用前，采用消极管理策略的投资者将获得相对于基准的零超额回报。故在扣除费用后，采用积极管理策略的投资者之间进行的是负和博弈（negative sum game），这是因为，在扣除费用前，他们之间进行的是零和博弈。如果部分采用积极管理策略的投资者获得了超额回报，其来源必定是部分其他采用积极管理策略的投资者的损失，使得他们的回报率落后于基准。本书所计算的回报率是扣除了管理等费用后的净回报率，结果显示绝大多数积极管理型基金的回报率并不落后于基准。由此可以推断，我国证券市场有大量的采用积极管理策略的非基金投资者（主要是散户）的业绩落后于基准。这些非基金投资者积极选择股票的努力，不但未能给自己带来好处，反而为基金获得超额回报做了贡献。绝大多数积极管理型基金扣除费用后的回报率不落后于基准，也表明这些基金的经理们的投资管理能力明显超过了市场中其他采用积极管理策略的投资者。

4.1.3 开放式基金的绝对收益率业绩

由于本书将对国内流传很广的"赎回异象"现象进行研究，而发现存在此现象的文献使用的是绝对收益率业绩指标，故本节选取与这些研究文献所使用的样本期间接近时期的绝对收益率业绩数据进行描述分析。

46 中国开放式基金的业绩与资金流量之间的关系研究

4.1.3.1　全部非货币基金

首先对 2002—2007 年度非货币型开放式基金的年度收益率数据进行描述统计，样本数据来自 Wind 数据库。这一期间包括了从开放式基金的创立到高速增长再到迅猛增长。总体来看，开放式基金的业绩比较高的，波动幅度也比较大。从平均值来看，开放式基金单位净值增长率高达 68.778%，并且比其业绩比较基准高出 49.413%，但是略为落后历史悠久的在投资者中影响很大的上证指数增长率（见表 4.4）。但是超过 60% 的基金·年的单位净值增长率高于上证指数的增长率，超过 70% 的基金·年的单位净值增长率高于各自业绩比较基准（见表 4.5）。考虑到我国基金投资者的持有期限很短，根据赎回率计算，投资者的平均持有期限多数时候不到一年，所以按季度计算的开放式基金业绩可能更为投资者所注重。故在下面采用季度数据对开放式基金的业绩进行分析，样本期间为 2004 年第 2 季度—2008 年第 3 季度。

表 4.4　　　　2002—2007 年开放式基金年度收益率数据描述统计

业绩指标（增长率）	N	Mini	Maxi	Mean	Std.	Skew
复权单位净值增长率	405	−10.9	226.2	68.8	59.18	0.068
单位相对上证指数增长率	463	−129.0	129.6	−0.57	40.24	−1.08
单位相对业绩比较基准增长率	396	−23.7	161.6	49.4	51.45	0.21

对全部开放式基金（Wind 数据库中该期间内全部存在的数据，包括保本型、债券型、股票型和混合型等投资类型以及如指数型、积极、进取、成长、稳健等各种投资风格的基金）的单位净值季度增长率数据的统计显示（见表4.6，表4.7），复权单位净值增长率的平均值为 5.95%，超过业绩比较基准3.45%，超过上证指数增长率 1.65%；超过 50% 的基金·季度的单位净值增长率为正并超过各自的业绩比较基准的增长率，超过 60% 的基金·季度的单位净值增长率高于上证指数增长率。所以，在不考虑相关的申购赎回等费用情况下，我国开放式基金的业绩总体上优于消极管理的投资组合。但是考虑到最高2.5% 的申购费率和最高 2.8% 的赎回费率，开放式基金的业绩并未能战胜市场（以上证指数为市场的代表，开放式基金的单位净值相对上证指数增长率的中位数为 2.63%，60% 分位数为 4.88%）。

表 4.5　　　　　　　　　　开放式基金年度增长率的分位数

业绩指标		复权单位净值增长率	单位相对上证指数增长率	单位相对业绩比较基准增长率
N	Valid	405	463	396
Median		81.740	9.635	53.295
Percentiles	5	−4.461	−88.972	−12.210
	10	−0.358	−62.236	−8.210
	20	3.136	−23.137	−3.562
	25	5.700	−13.513	−1.270
	30	8.462	−4.602	2.030
	40	20.298	4.435	6.262
	50	81.740	9.635	53.295
	60	105.480	14.600	77.626
	70	115.974	17.630	89.514
	75	120.405	20.310	96.140
	80	125.978	24.133	102.280
	90	138.164	38.145	116.558
	95	154.966	50.710	127.917

表 4.6　　　　　　　　　开放式基金季度增长率数据描述性统计

业绩指标	N	Ran	Mini	Maxi	Mean	Std.	Skew
复权单位净值增长率（%）	3 481	101.38	−37.32	64.06	5.95	19.60	0.50
相对上证指数增长率（%）	3 459	94.13	−52.27	41.86	1.65	13.19	−1.01
相对业绩比较基准增长率（%）	3 175	108.23	−34.05	74.18	3.45	18.12	0.525

表 4.7　　　　　　　　　　全部开放式基金业绩分位数

业绩指标		复权单位净值增长率	相对上证指数增长率	相对业绩比较基准增长率
N	Valid	3 481	3 459	3 175

表4.7(续)

业绩指标		复权单位净值增长率	相对上证指数增长率	相对业绩比较基准增长率
Median		1.73	2.627 6	0.578 4
Percentiles	5	−21.669	−23.319 9	−22.306
	10	−18.82	−14.737 5	−19.69
	20	−12.592	−4.576 9	−13.77
	25	−6.28	−2.926 6	−7.55
	30	−3.674	−1.530 9	−4.422
	40	−0.072	0.685	−0.962
	50	1.73	2.627 6	0.578 4
	60	4.374	4.884 4	1.73
	70	13.23	7.342 7	8.64
	75	20.35	8.757 5	15.92
	80	27.046	10.724	22.328
	90	36.534	15.594 5	30.95
	95	41.59	20.026 8	36.01

样本期间既包括股市行情高涨的 2006 年和 2007 年，也包括股市处于低潮的 2004—2005 年，还包括股市暴跌的 2008 年。那么，基金业绩在不同年份的表现如何以及用不同增长率指标进行衡量有何差异？图 4.1 是按季度绘制的增长率的散点图，从中可以看出，使用复权单位净值增长率和相对业绩比较基准增长率进行衡量，基金业绩表现的分布相差不大，均表现为 2006—2007 年的增长率远高于 2004—2005 年，而 2008 年又远低于 2004—2005 年；而使用相对上证指数增长率衡量业绩，2006—2007 年开放式基金的业绩并未明显优于其他年份，这两年的业绩分布范围更大，即这两年内基金之间的净值增长率差异更大。

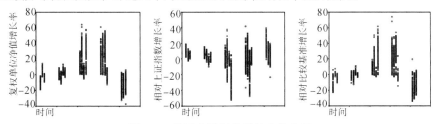

图 4.1　按季度绘制的增长率散点图

4.1.3.2 积极管理的开放式基金的业绩

国外的研究认为，在扣除相关费用后，基金业绩并不优于市场指数，如 Jensen（1968，1969）、Elton（1996）的研究；但是也有部分研究认为从事积极投资策略的基金经理具有显著的股票挑选能力，如 Grinblatt 和 Titman（1989，1993）。

本节选择我国开放式基金中属于积极管理的部分进行统计分析，具体选择过程为：选择 Wind 数据中 2004 年 2 季度—2008 年 3 季度全部开放式非货币基金，然后剔除其中投资类型为保本型和债券型的基金数据，然后再剔除投资风格为指数型（包括指数优化型、指数增强型）、债券型的基金数据。从单位净值增长率的平均值和分位数看，积极管理的开放式基金的业绩要稍好于全部开放式基金（见表4.8、表4.9），而其按季度考察的时间分布与全部开放式基金相比较并无明显差异（见图4.2）。

表4.8　　　　　　　　积极管理的开放式基金的增长率数据

	N	Range	Mini	Maxi	Mean	Std.	Skew
复权单位净值增长率	2 737	101.38	−37.32	64.06	6.52	20.79	0.401
相对上证指数增长率	2 682	93.43	−51.57	41.86	1.92	10.89	−0.978
相对业绩比较基准增长率	2 455	108.23	−34.05	74.18	3.618	19.11	0.410

表4.9　　　　　　　积极管理的开放式基金增长率数据的分位数

业绩指标		复权单位净值增长率	相对上证指数增长率	相对业绩比较基准增长率
N	Valid	2 737	2 682	2 455
Median		2.02	2.682 05	0.49
Percentiles	5	−21.78	−19.383 765	−22.35
	10	−19.452	−11.130 02	−20.202
	20	−14.26	−3.589 52	−15.416
	25	−10.44	−2.229 075	−12.85
	30	−5.396	−1.073 83	−7.342
	40	−1.514	0.867 42	−3.118

表4.9(续)

业绩指标		复权单位 净值增长率	相对上证 指数增长率	相对业绩比较 基准增长率
	50	2.02	2.682 05	0.49
	60	5.97	4.650 92	2.968
	70	18.946	6.805 45	14.52
	75	24.89	7.957 2	20.65
	80	30.024	9.559 04	24.248
	90	37.694	13.923 12	31.526
	95	42.254	17.557 39	36.262

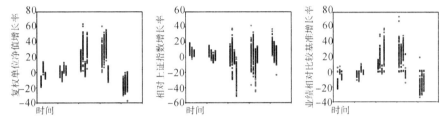

图4.2　按季度绘制的积极管理的基金增长率散点图

4.2　开放式基金业绩持续性问题

基金业绩是否具有持续性，是指前期业绩排名在前（后）的基金在将来的排名仍然在前（后），即基金过去的业绩和将来的业绩之间存在正相关关系。基金业绩是否具有持续性，对理性的基金投资者的选择具有决定性意义。

4.2.1　国外对基金业绩持续性的研究

国外学者对基金业绩的持续性问题进行了大量的研究。从国外学者对成熟的发达市场的研究结果来看，历史业绩超群的基金未来的业绩可能好也可能不好，但是历史业绩不佳的基金很可能在将来继续业绩不佳（Carhart，1997；Teo 和 Woo，2001；Blake 和 Morey，2000）。

Grinblatt 和 Titman（1992）研究了美国市场上 279 只股票基金业绩的长期可预测性，他们将 1974—1984 年十年间的样本分为两个五年期，然后估测每只基金的超额收益，并以此为自变量对下一期进行截面分析。他们发现，历史业绩最好和最差的那部分基金的未来业绩都表现出可预测性，特别是历史业绩最差的那部分预测性最强。Hendricks、Patel 和 Zeckhauser（1993）对 1974—1984 年十年间的 165 只股票基金运用列联表（contingency table）进行了检验，发现过去一年内收益较好或者较差的基金随后一年均表现出了业绩的持续性；他们还将业绩持续性定义为"热手"（hot hand），即强者恒强。

Carhart（1997）对 1963—1993 年间美国市场超过 1 800 只股票基金进行了检验。他根据基金过去 1 年的净收益、过去 3 年的净收益、4 因子 α 等指标将基金分为不同等级，他运用列联表的方法发现历史排名最好的和最差的基金都表现出 1 年的业绩持续性，他又对每个等级的基金在随后 1~5 年的总收益进行了估测，发现历史排名最低等级的基金业绩表现出多达 3 年的业绩持续性，但是对其他等级的基金，在调整了收益惯性因素后，业绩持续性证据很弱或者不存在。

Teo 和 Woo（2001）利用列联表的方法测试基金总收益率和风格调整后收益率的持续性。他们发现风格调整后收益率表现出较长时间的业绩持续性。Blake 和 Morey（2000）研究了晨星基金评级对基金业绩未来的预测性，他们发现评级最差的基金未来业绩的确差，但评级最高的基金总体上并不比中等水平的基金未来业绩好。Morey（2002）根据晨星 2002 年后新的评级方法对大约 1 800 只基金进行了研究，发现晨星的评级的确能预测未来 3 年的风险调整后的收益。

因为历史上很多基金被清盘、合并，对基金数据库的可靠性产生了影响，即生存偏差问题（survivorship bias），这会使基金业绩数据表现出持续性（Brown，1992）。Brown 和 Goetzmann（1995）以及 Elton、Gruber 和 Blake（1996）在控制了生存偏差后进行检验，发现基金历史业绩在 1 年和 3 年期内有统计上的显著预测力。

4.2.2 我国开放式基金业绩的持续性

国内关于基金业绩持续性研究的还比较少，且主要是对封闭式基金的研究，这是由于我国基金历史还比较短、开放式基金历史更短的缘故。已有文献对国内基金业绩的研究发现其经常出现反转现象（倪苏云，肖辉和吴冲锋，2002；杨义灿和茅宁，2003；吴启芳，汪寿阳和黎建强，2003；徐琼和赵旭，2006），也有研究发现排名期在 6~12 个月的时候业绩具有一定的持续性（吴启芳，汪寿阳和黎建强，2003）。

本书使用徐琼和赵旭（2006）的方法，计算了我国开放式基金 2004 年第三季度—2008 年第三季度的业绩排名持续性。其基本方法是根据基金业绩排名，分为业绩好、业绩差和普通三组，然后计算业绩好、业绩差两组基金在下一期的排名（百分位数），然后考察前后两期排名平均值的变化。

表 4.10 给出了基金业绩排名的持续性计算结果，表明我国开放式基金业绩排名具有比较明显的均值反转的倾向，基金业绩不具有持续性。

表 4.10　　　　　　　　我国开放式业绩排名的持续性

时间	基金组	前期平均百分位数	本期平均百分位数	前后期差异	T 统计量	保留家数
2004 年 3 季度	业绩好	26.47	49.83	-23.36	2.936 3 ***	9
	业绩差	76.47	53.11	23.36	3.884 53 ***	8
2004 年 4 季度	业绩好	26.47	50.43	-23.96	3.606 2 ***	8
	业绩差	76.47	52.51	23.96	2.894 72 ***	8
2005 年 1 季度	业绩好	26.47	45.67	-19.20	2.638 5 ***	9
	业绩差	76.47	57.27	19.20	2.499 75 **	8
2005 年 2 季度	业绩好	26.47	43.51	-17.04	1.827 2 **	10
	业绩差	76.47	59.43	17.04	3.209 1 ***	10
2005 年 3 季度	业绩好	26.47	56.40	-29.93	4.177 6 ***	6
	业绩差	76.47	46.54	29.93	3.349 22 ***	3
2005 年 4 季度	业绩好	26.47	48.01	-21.54	2.884 3 ***	8
	业绩差	76.47	54.93	21.54	3.164 2 ***	7
2006 年 1 季度	业绩好	26.47	55.10	-28.63	3.780 6 ***	6
	业绩差	76.47	47.84	28.63	5.239 05 ***	5
2006 年 2 季度	业绩好	26.47	44.46	-17.99	2.624 ***	10
	业绩差	76.47	58.48	17.99	2.253 9 **	10
2006 年 3 季度	业绩好	26.47	62.63	-36.16	4.327 6 ***	5
	业绩差	76.47	40.31	36.16	4.853 ***	5
2006 年 4 季度	业绩好	26.47	58.30	-31.83	4.409 8 ***	6
	业绩差	76.47	44.64	31.83	4.601 53 ***	7

表4.10(续)

时间	基金组	前期平均百分位数	本期平均百分位数	前后期差异	T统计量	保留家数
2007年1季度	业绩好	26.47	49.83	-23.36	2.582 9**	10
	业绩差	76.47	53.11	23.36	3.047 57***	9
2007年2季度	业绩好	26.47	44.38	-17.91	2.134 9**	11
	业绩差	76.47	58.56	17.91	1.859 11**	8
2007年3季度	业绩好	26.47	44.98	-18.51	2.500 2**	12
	业绩差	76.47	57.96	18.51	2.337 41**	9
2007年4季度	业绩好	26.47	61.33	-34.86	3.760 0***	7
	业绩差	76.47	41.61	34.86	4.506 2**	5
2008年1季度	业绩好	26.47	45.33	-18.86	2.708 0***	9
	业绩差	76.47	57.61	18.86	2.240 2**	8
2008年2季度	业绩好	26.47	39.45	-12.98	1.858 8**	12
	业绩差	76.47	63.50	12.98	1.601 47*	10
2008年3季度	业绩好	25.71	48.24	-22.52	3.093 8***	10
	业绩差	74.29	52.94	21.35	2.634 02***	8

4.3 小结

平均而言，我国积极管理型的开放式基金的业绩超过市场，显示了基金经理们的平均投资能力强于市场中的其他采用积极管理策略的投资者。故基金产业整体上对投资者具有很强的吸引力，使大量新投资者不断涌入。但是，就基金的短期收益率业绩排名来看，基金的业绩不具有持续性。投资者在观察到基金的短期业绩不具有持续性后，可能会形成相应的业绩反转或者均值回复的预期，并因此采取相应的申购或者赎回策略。

5. 中国开放式基金的业绩与资金流量关系实证研究

根据前面对基金业绩与资金流量之间关系的理论分析，在理想市场中，基金的业绩与资金净流量之间的关系应该是正相关并呈现非线性。现实市场中投资者的非理性心理和市场摩擦因素会影响甚至改变这一关系形态。

从前面对中国基金市场的特点和基金业绩及其持续性的分析来看，其中可能存在较强的处置效应，投资者还可能对基金的业绩表现存在着反转预期。这两个因素可能导致投资者偏好赎回业绩优秀的基金，而不愿意从业绩不佳的基金中退出，还可能偏好申购业绩差的基金品种。故这二因素的作用是促使 FPR 呈负相关。已有的部分国内研究认为存在着"赎回异象"，其原因正是处置效应。

另一方面，我国基金市场的一个重要特点是市场快速膨胀，大量新投资者不断涌入。这样，投资者的搜索成本在上升，新投资者在全部投资者中的比例也在上升。根据前面的理论分析可知，这会使投资者在申购时追逐业绩优秀的基金，促使 FPR 的非对称性增强，市场中出现"明星效应"（即成为名列前茅的明星基金可以获得超额的净资金流入）。

那么我国开放式基金市场中 FPR 究竟呈什么形态，本章对其进行实证检验，并对"赎回异象"进行进一步的检验分析。

5.1 样本说明

本章使用半参数模型对开放式基金的业绩与资金流量之间的关系进行实证检验的样本数据来源于锐思金融数据库（www.resset.cn）。该数据库对基金按"基金类型"、"投资类型"和"投资风格"三个标准进行了分类。本书以积极管理的开放式基金为研究对象，按如下步骤筛选样本基金：①选择基金类型为开放式的全部基金；②删除投资类型为指数型、优化指数型、债券型和现金型的基金；③删除投资风格为保本型、偏债型的基金以及 QDII 基金。

本章使用半参数模型进行实证检验，所使用的是半年度非平衡面板数据，最大截面成员基金 311 只，进入样本的基金至少有 2 期（1 年）的交易记录。样本期为 2005 年上半年—2013 年上半年，共 17 期；在样本中去掉 $Flow_{i,t}$ 值最大的 2.5% 与最小的 2.5% 的观测值。

5.2 半参数模型

5.2.1 关于所使用的半参数模型的说明

本书使用如下形式的半参数模型：

$$y = \theta_0 + f(z) + x\theta + \varepsilon \tag{5-1}$$

其中，$f(\cdot)$ 是不受限制的函数，z 是进入方程的解释变量。控制变量 x 与 z 之间既不完全相关也不是相互独立的。θ 是系数向量，ε 是残差。本书采用 Robinson（1988）提出的"双残差法"估计上述半参数模型，包括以下三个步骤：

首先，分别以被解释变量 y 和各控制变量 x_k 为因变量，以 z 为自变量，运用非参数回归方法求 $E(y|z)$ 和 $E(x|z)$ 的一致估计量 $\hat{m}_y(z) + \varepsilon_1$，$\hat{m}_{xk}(z) + \varepsilon_2$（$k$ 是进入方程的控制变量的下标）。

然后，根据（5-2）式，使用普通最小二乘法估计控制变量的系数估计值 $\hat{\theta}$：

$$y - \hat{m}_y(z) = (x - \hat{m}_x(z))\theta + \varepsilon \tag{5-2}$$

最后，根据（5-3）式，运用非参数回归方法估计 $f(z)$：

$$y - x\hat{\theta} = \theta_0 + f(z) + \varepsilon \tag{5-3}$$

本书使用局部多项式回归作为非参数回归估计方法，计算以及制图使用统计软件 Stata12 编程实现，局部多项式回归利用其 Lpoly 命令进行，所选择核函数是 Epanechikov 核函数，由 Stata12 软件的 ROT Bandwidth Estimator 自动计算窗宽（bandwidth），所选择的局部多项式阶数为 1。

5.2.2 变量说明

5.2.2.1 被解释变量

在本章研究中被解释变量是基金的资金流量，使用了基金的净资金流入率、资金流出率和资金流入率三个资金流量指标，分别用于考察基金业绩—资金净流量关系、基金业绩—资金流出关系以及基金业绩—资金流入关系。

基金 i 在 t 期的净资金流入率 $Flow_{i,t}$，其计算方法有二：

$$Flow_{i,t} = \frac{TNA_{i,t} - (1 + R_{i,t})TNA_{i,t-1}}{TNA_{i,t-1}} \tag{5-4}$$

$$Flow_{i,t} = \frac{App_{i,t} - Red_{i,t}}{TNA_{i,t-1}} \tag{5-5}$$

其中，$TNA_{i,t}$ 为基金 i 在 t 期期末的资产净值总额；$R_{i,t}$ 为基金 i 在 t 期的考虑了分红的原始回报率；$App_{i,t}$ 是基金 i 在 t 期中所得到的来自投资者的申购金额；$Red_{i,t}$ 是基金 i 在 t 期中遭受的投资者的赎回金额。（5-4）式隐含地假定了申购与赎回交易均在期末发生以及分红全部再投资。在无法获得直接的申购与赎回金额数据时，（5-4）式被国内外相关研究广泛采用。由于基金半年报和年报分别披露了当期的申购金额和赎回金额，可据此精确计算相应的申购金额和赎回金额。本书使用半年度资金流量数据，采用（5-5）式计算净资金流入率，并定义资金流入率 $InFlow_{i,t}$ 和资金流出率 $OutFlow_{i,t}$ 分别为：

$$InFlow_{i,t} = \frac{App_{i,t}}{TNA_{i,t-1}} \tag{5-6}$$

$$OutFlow_{i,t} = \frac{Red_{i,t}}{TNA_{i,t-1}} \tag{5-7}$$

5.2.2.2 解释变量

解释变量是基金的历史业绩。本书的重点是考察基金业绩—资金流量关系作为激励约束机制的有效性，采用序数业绩指标更能满足这一研究目的的需要。国外的一些相关研究也表明序数业绩指标能更好地解释投资者的资金流量（Kempf 和 Ruenzi，2008）。本书采用序数回报率，计算方法是，在 $t-1$ 期样本中共有 n 只基金，$R_{i,t-1}$ 在 n 只基金的回报率中排名为 $rank(i)$（排名规则是最小的排第1），则序数回报率：

$$Rank(R_{i,t-1}) = \frac{rank(i) - 1}{n - 1} \tag{5-8}$$

5.2.2.3 控制变量

本书参考 Chevalier 和 Ellison（1997）、Sirri 和 Tufano（1998）、刘志远和

姚颐（2005）、陆蓉等（2007）人的研究，选择了如下 7 个控制变量（用 x_k 代表，$k=1$，2，…，7）。

（1）x_1 为基金规模——$\text{Ln}TNA_{i,t-1}$

$\text{Ln}TNA_{i,t-1}$ 是基金 i 在上期期末净资产的规模（以百万元为单位，取自然对数）。

（2）x_2 为基金年龄——$Age_{i,t}$

$Age_{i,t}$ 是基金年龄，定义为从基金 i 成立日到 t 期期初的时间（以季度为单位）。

（3）x_3 为基金投资风险——$\text{Std}r_{i,t-1}$

$\text{Std}r_{i,t-1}$ 是基金 i 在 $t-1$ 期收益率的标准差，用来衡量基金投资的风险。

（4）x_4 为基金单位分红金额——$Dividen_{i,t}$

$Dividen_{i,t}$ 是基金 i 在 t 期的单位分红金额。

（5）x_5 为分红次数——$Divtim_{i,t}$

$Divtim_{i,t}$ 是基金 i 在 t 期的分红次数。

（6）x_6 为基金家族规模——$ManF_{i,t}$

$ManF_{i,t}$ 是基金 i 所属的基金家族 F 在 t 期期初资产净值之和（以百万元为单位，取自然对数）。

（7）x_7 为市场平均资金流量

本书将资金流量的加权平均值（以各基金期初的总净值为权重）纳入控制变量。当被解释变量为资金流出率 $OutFlow_{i,t}$ 时，x_7 为各基金的资金流出率的加权平均值 $AOutFlow_{i,t}$；当被解释变量为资金流入率 $InFlow_{i,t}$ 时，x_7 为各基金的资金流入率的加权平均值 $AInFlow_{i,t}$；当被解释变量为资金净流入率 $Flow_{i,t}$ 时，x_7 为各基金的资金净流入率的加权平均值 $AFlow_{i,t}$。

5.3 基于半参数模型的检验结果

5.3.1 使用全样本估计的情形

图 5.1 显示了以三种不同资金流量指标为被解释变量，$Rank(R_{i,t-1})$ 为解释变量，对 $f(\cdot)$ 的估计结果。图 5.1（1）是以资金流出率 $OutFlow_{i,t}$ 为被解释变量的估计结果，反映的是基金业绩与资金流出之间的关系。图中虚线之间是 90% 水平置信带（90% Confidence Interval），图 5.1（2）和图 5.1（3）相

同。图 5.1（2）是以资金流入率 $InFlow_{i,t}$ 为被解释变量的估计结果，反映的是基金业绩与资金流入之间的关系。图 5.1（3）是以净资金流入率 $Flow_{i,t}$ 为被解释变量的估计结果，反映的是基金业绩与资金净流量之间的关系。将图 5.1（1）、图 5.1（2）和图 5.1（3）合并到同一图中就得到图 5.1（4），为简便起见略去了其中的置信带。

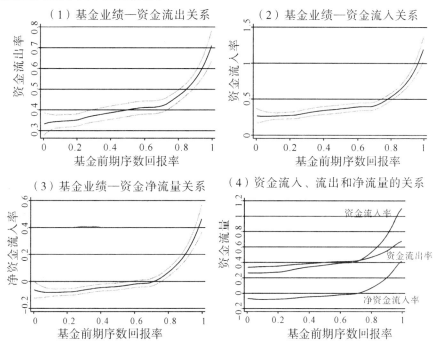

图 5.1　基金业绩—资金流量关系的形态

从图 5.1（1）可以看出，基金业绩与资金流出率正相关并呈现凸性。这表明随着基金业绩排名上升，投资者的赎回加速增加，投资者偏好赎回业绩优秀的基金；而绩劣基金和中等业绩基金的资金流出对业绩的敏感程度则明显低于绩优基金。我国投资者偏好赎回业绩优秀的基金品种，这符合行为金融理论中的处置效应：投资者倾向于过早地卖出业绩优秀而盈利的投资品种（业绩越好投资者的盈利越丰厚）；而过久地持有业绩差导致亏损的投资品种。这一发现不同于国外对成熟市场的研究结论。国外一些相关研究认为，投资者不愿意从业绩差的基金中退出，但并未将其归因于处置效应，也未见有国外研究报道发现投资者偏好赎回业绩优秀的基金。Gruber（1996）提出，一些投资者比较天真，容易被广告或者券商所蛊惑，有的受到其养老金计划的限制，还有部分投资者则是由于赎回后须缴纳税，所以未赎回业绩不佳的基金。Goetzmann

和 Peles（1997）认为，部分投资者可能会对所持有基金不佳的业绩"视而不见"，如果因为发现这些基金业绩不佳而卖出的话，则会证明自己当初买入决策是错误的，从而增加其认知失调。Lynch 和 Musto（2003）认为，投资者可以相信，不佳的历史业绩并不能据以预测未来业绩，因为市场竞争的压力将迫使这些基金改变投资策略或者更换经理，故投资者对差的历史业绩的反应较弱。

从图 5.1（2）中可以发现，基金的历史业绩与资金流入率正相关，并且呈显著的非线性。这表明投资者申购时会追逐业绩，业绩超群排名前列的明星基金能够吸引到超额的申购资金。业绩作为衡量基金管理者投资能力的标准，投资者在申购时追逐业绩是理性的（Berk 和 Green，2004）。市场摩擦被一些文献认为是导致投资者追逐超群业绩的原因。超群的业绩可以降低投资者在众多基金中寻找购买对象的搜索成本，从而吸引更多新投资者（即原来未持有该基金的投资者）的资金（Sirri 和 Tufano，1998）；基金的历史业绩越高越有助于投资者降低参与成本（比如投资者要求的最低预期回报率），从而吸引更多参与成本高的新投资者（Huang, Wei 和 Yan，2007）。面对众多的可供购买的对象，个人投资者倾向于选择引起其注意的投资对象（Odean，1999）。业绩超群的明星基金非常容易吸引投资者的注意而成为其购买的备选对象。在本书样本期间我国基金市场高速增长，投资者人数快速膨胀，基金数量不断增多，加大了投资者的搜索成本及其影响。故搜索成本等市场摩擦因素也是导致我国投资者在申购基金时追逐业绩的原因。

从图 5.1（3）和图 5.1（4）中可以发现，资金流入率曲线比资金流出率曲线更为凸出，表明资金流入比资金流出对基金业绩更为敏感，尤其是对业绩排名前列的明星基金而言，资金流入对业绩的敏感程度更是远高于资金流出的敏感程度。故我国基金的 FPR 正相关，并呈明显的非线性，成为明星基金可以获得超额的净资金流入，即存在显著的明星效应。这一发现不同于肖峻和石劲（2011）的研究结论。上述发现还表明，虽然基金业绩与资金流出正相关，投资者表现出了"反向选择"，偏好赎回业绩好的基金品种，但是并未导致"赎回异象"所指的基金业绩与资金净流量负相关。李曜和于进杰（2004）使用绘制散点图的方法，也发现随着基金业绩上升，投资者的申购率和赎回率均上升，但是赎回率增长超过申购率的增长，基金业绩与净赎回率正相关。

所以，我国基金市场存在着"反向选择"和"追逐业绩"这两个看似矛盾而实际上并不矛盾的现象：投资者偏好赎回业绩优秀的基金品种，而业绩超群的基金又能吸引超额的申购资金。"反向选择"是基金投资者的赎回行为，

"追逐业绩"是投资者的申购行为。投资者的申购行为和赎回行为，均受多个因素的影响。有的因素（如基金业绩）会同时影响投资者的申购和赎回两种行为，有的因素则只影响其中一种行为。在处置效应作用下，投资者倾向于"落袋为安"，但是处置效应只影响投资者的赎回行为；而搜索成本等市场摩擦因素影响的是投资者的申购行为。在处置效应战胜了持有者对基金业绩持续性的信念时，投资者的赎回行为会表现出"反向选择"。但这并不影响投资者申购时由于对业绩持续性的信念等原因而偏好业绩好的基金品种，并且因搜索成本等原因而追逐业绩超群的基金。Gruber（1996）也指出，选择继续持有绩差基金的投资者，也会将新资金投向业绩好的基金品种。

5.3.2 不同时期的情形

以上证指数收益率是否大于零来划分牛市与熊市，本书将样本按照市场周期划分成牛市与熊市两个子样本。然后使用这两个子样本分别进行估计，结果见图 5.2。从图 5.2 可以发现，牛市与熊市中的基金业绩—资金流量关系形态并无实质差别，跟使用全部样本估计所得的结果（见图 5.1）也并无实质性区别。

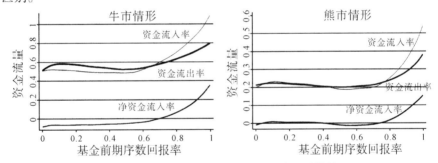

图 5.2　牛市和熊市中的基金业绩—资金流量关系

另外，按时间先后将全部样本对半分为两个子样本，然后各自进行估计，所得的基金业绩—资金流量关系形态也与使用全样本估计的结果无实质性差别。限于篇幅，估计结果图略。

5.4　基于参数模型的检验

为了进行统计显著性检验，下面建立参数模型考察基金的业绩与资金流量之间的关系。

5.4.1 模型说明

由于基金的资金流量对不同业绩的敏感程度有明显差异，建立如下分段线性回归模型：

$$Fl_{i,t} = \theta_0 + \beta_1 rankdog + \beta_2 rankmiddle + \beta_3 rankstar + \sum \theta_k x_k + v_i + \varepsilon_{i,t} \tag{5-9}$$

（5-9）式是一个固定效应的非平衡面板数据回归模型。被解释变量 $Fl_{i,t}$ 是资金流量指标，分别取净资金流入率 $Flow_{i,t}$，资金流入率 $InFlow_{i,t}$ 和资金流出率 $OutFlow_{i,t}$，用于检验基金业绩—资金净流量关系、基金业绩—资金流入关系和基金业绩—资金流出关系。x_k 和 θ_k（$k=1，2，\cdots，7$）是控制变量及其系数。v_i 随基金个体不同而变化，表示各基金不可观测的个体固定效应，用来控制随基金不同而变化的因素影响，$\varepsilon_{i,t}$ 为误差项。解释变量 $rankdog$、$rankmiddle$ 和 $rankstar$ 分别表示基金分段序数回报率，其回归系数分别代表了绩劣基金、中等业绩基金和绩优基金的资金流量对业绩的敏感性。参考使用半参数模型检验的结果，这三个解释变量分别由以下分段函数定义：

$$rankdog = \text{Min}\left[Rank(R_{i,t-1}), 0.1\right] \tag{5-10}$$

$$rankmiddle = \text{Min}\left[Rank(R_{i,t-1}) - rankdog, 0.65\right] \tag{5-11}$$

$$rankstar = \text{Min}\left[Rank(R_{i,t-1}) - rankdog - rankmiddle, 0.25\right] \tag{5-12}$$

5.4.2 实证结果

模型（5-9）的实证检验结果如表 5.1 所示：

表 5.1 分段线性回归模型实证结果

被解释变量	$Flow_{i,t}$	$InFlow_{i,t}$	$OutFlow_{i,t}$
rankdog	−0.563	0.067	0.630
	（−0.82）	（0.05）	（1.18）
rankmiddle	0.035	0.020	−0.016
	（0.58）	（0.17）	（−0.23）
rankstar	1.299***	1.778***	0.479*
	（5.87）	（4.30）	（1.95）
x_k	控制	控制	控制
N	1982	1982	1982
F	38.54	35.15	36.14
R^2	0.134 0	0.176 1	0.205 0

注：括号内的为 t 值，* 表示 10%水平显著，** 表示 5%水平显著，*** 表示 1%水平显著。

从表 5.1 可以看出，使用分段线性回归模型（5-9）检验所得结果与使用半参数模型估计的结果无实质性差异。回归结果中，*rankstar* 的回归系数均在 1%水平上显著为正，而 *rankdog* 和 *rankmiddle* 的回归系数和 *t* 统计量都很小。这表明绩优基金的资金流量对业绩的敏感性远强于绩劣基金和中等业绩基金。以 $Flow_{i,t}$ 为被解释变量，*rankstar* 的回归系数显著为正，表明绩优基金的业绩排名上升会显著增加其净资金流入，成为业绩超群的明星基金可以获得超额的净资金流入。以 $InFlow_{i,t}$ 为被解释变量，*rankstar* 的回归系数显著为正，表明投资者在申购时会追逐业绩。以 $OutFlow_{i,t}$ 为被解释变量，*rankstar* 的回归系数显著为正，表明基金持有者偏好赎回业绩优秀的基金。但是，这并未导致"赎回异象"所指的基金业绩与资金净流量负相关。对比不同被解释变量的回归结果中 *rankstar* 以及 *rankmiddle* 的回归系数可以发现，对于绩优基金和中等业绩基金而言，资金流入对业绩的敏感程度高于资金流出，基金业绩排名上升带来的资金流入大于资金流出。

5.5 对"赎回异象"的进一步考察

发现存在"赎回异象"或者"赎回困惑"的国内研究文献存在一个共同之处，即使用了基金的绝对业绩指标，而非序数业绩指标，并使用线性回归模型进行检验。使用绝对业绩指标，并不适用于考察基金业绩—资金净流量关系对基金管理者的激励与约束机制的有效性。使用线性回归模型，则无法捕捉到可能存在的非线性关系，并且在存在非线性关系的条件下的回归效果不好。考虑到"赎回异象"说流传较广，本书拟对其进行更深入的考察，以验证其真实性或寻找成因。

5.5.1 样本数据说明

为验证"赎回异象"的真实性，本书特使用与持存在"赎回异象"观点的文献所使用的数据样本期间相近且同为季度频率的数据。

万得资讯（Wind 资讯）公司提供的金融数据库中分别给出了每只基金各季度的申购份额和赎回份额，本书利用此数据分别考察我国开放式基金业绩与净申购、基金业绩与申购、基金业绩与赎回之间的关系。本书选择积极管理的开放式基金 2004 年 3 季度—2008 年 3 季度一共 17 个季度的数据作为分析对象，数据来源为 Wind 资讯数据库。选择样本过程如下：首先选择投资类型为股票型和混合型的全部开放式证券投资基金；然后去掉其中投资风格为指数型（包括指数增强型与指数优化型）和债券型的基金；再删除样本期少于3个季度以及有缺失数据项的基金；最后得到的样本情况见表5.2。

表5.2   样本主要变量概述

变量	Mean	Std. Dev
$R_{i,t}$	0.07	0.218
净申购率	0.747	3.931
申购率	1.143	4.456
赎回率	0.388	0.838
样本观测数	1 687	

5.5.2 方法与变量说明

本节采用线性回归分析的方法考察投资者的申购赎回与基金业绩之间的关系。由于基金之间一些观察不到的特征存在差异，这些特征可能与基金业绩有关，即非观测聚类效应（unobserved cluster effect）与解释变量相关。所以本书使用了固定效应估计法，即先对样本数据进行基金固定效应变换（fixed effect transform），再进行 OLS 回归。

1. 因变量

本书研究基金业绩与资金流向关系，考察的是来自投资者的资金流，故使用基金份额变化率作为因变量研究投资者的申购和赎回行为。申购率（$Purrate_{i,t}$）等于基金 i 在季度 t 的申购份额除以基金期初份额数；赎回率（$Redrate_{i,t}$）等于基金 i 在季度 t 的赎回份额除以基金期初份额数；净申购率（$Npurrate_{i,t}$）等于基金 i 在季度 t 的净申购份额除以基金期初份额数。$t = 2\,004.3$，$2\,004.4$，…，$2\,008.3$。

2. 解释变量

本书选取基金 i 在季度 t 的复权单位净值增长率 $R_{i,t}$ 作为基本业绩变量指标。

3. 控制变量

已有研究发现以下变量对资金流有重要影响：

（1）规模

本节使用基金前期期末总净资产（百万元）的对数 $\mathrm{Ln}(TNA_{i,\,t-1})$ 作为规模的指标。

（2）风险

本节选择基金报告公布的报告期基金净值增长率标准差 $STDE_{i,t}$ 作为风险指标。

（3）基金年龄 $Ln(age)$

本节使用交易期第一天距离基金成立日的天数的自然对数 $Ln(age)$ 作为基金年龄的指标。

（4）同类型基金平均流量

季度 t 投资类型为 m 的基金总的净申购率

$$Tnpurrate_{m,t} = \frac{\sum_i TNPN_{i,t}}{\sum_i TN_{i,t-1}} \tag{5-13}$$

其中，$TNPN_{i,t}$ 为投资类型属于 m 的基金 i 在 t 季度的净申购份额数，$TN_{i,t-1}$ 为投资类型属于 m 的基金 i 在 $t-1$ 季度末的份额总数。

季度 t 投资类型 m 基金总的申购率

$$Tpurrate_{m,t} = \frac{\sum_i TPN_{i,t}}{\sum_i TN_{i,t-1}} \tag{5-14}$$

$TPN_{i,t}$ 为投资类型属于 m 的基金 i 在 t 季度的申购份额数。

季度 t 投资类型 m 基金总的赎回率

$$Tredrate_{m,t} = \frac{\sum_i TRN_{i,t}}{\sum_i TN_{i,t-1}} \tag{5-15}$$

$TRN_{i,t}$ 为投资类型属于 m 的基金 i 在 t 季度的赎回份额数。

本节样本中投资类型有两个，即股票型和混合型。计算同一投资类型基金总的份额变化率时，采用的样本为全部有数据的此类型基金，未删除投资风格为指数型与债券型的基金，即使用样本说明中选择过程第一步得到的全部数据。

（5）分红

本节采用当期每份分红额（Fenhong）作为控制变量，计算方法为期末累计分红总额减期初累计分红总额再除以期初份额数。

此外，为控制随时间变化趋势的影响，设虚拟时间变量（Time Dummy）$S_{2004.4}$，$S_{2005.1}$，…，$S_{2008.3}$。

5.5.3 检验结果

各变量回归系数见表 5.3：

表 5.3　　　　　　　净申购率、申购率和赎回率对业绩变量回归系数

	净申购率	申购率	赎回率
$R_{i,t}$	−4.87	−7.55	−2.73
	(−3.11)***	(−4.32)***	(−8.59)***
$R_{i,t-1}$	2.5	3.086	0.63
	(−1.66)	(−1.84)	(−2.06)*
$Ln(TNA_{i,t-1})$	−1.65	−1.9	−0.25
	(−11.48)***	(−11.80)***	(−8.58)***
$STDE_{i,t}$	−185.12	−224.78	−38.88
	(−4.64)***	(−5.04)***	(−4.77)***
$Ln(age)$	1.79	1.91	0.13
	(−4.00)***	(−3.82)***	(−1.44)
Fenhong	2.8	3.07	0.25
	(−8.12)***	(−7.96)***	(−3.66)***
Flows to fund category	3.88	5.08	4.86
	(−1.57)	(−2.391)*	(−4.56)***
Time dummy	yes	yes	yes
Adjusted R Square	0.20	0.22	0.25
F Change	19.28	21.97	26.438
D.W	2.22	2.21	2.156

注：为节约篇幅，时间虚拟变量的系数未列出；括号内的为 t 值。*** 表示 1% 水平显著，* 表示 10% 水平显著。

用净申购率为因变量回归所得系数表明：基金本期业绩（$R_{i,t}$）和资金净流入（净申购率）显著负相关；而前期业绩（$R_{i,t-1}$）与资金净流入正相关，但是这一关系无论是经济意义还是统计意义上都不如 $R_{i,t}$ 显著。本书所得这一结果和国内已有文献发现的"赎回异象"相似。陆蓉等（2007）使用资金净流量对单位净值增长率回归分析后，认为投资者偏好前期业绩较好的基金，但这一效应不明显；基金本期业绩越好，其净赎回率越高。此外，刘志远、姚颐（2005）发现净赎回率与基金当期业绩正相关。

但是，以申购率和赎回率为因变量，分别进行回归的结果表明，本期业绩（$R_{i,t}$）与申购率显著负相关，赎回率也与本期业绩（$R_{i,t}$）显著负相关。即基金本期业绩越差则持有者赎回越多，基金本期业绩与净资金流入（净申购率）负相关并非是由赎回率与业绩正相关引起的，而是由于投资者偏好购买本期业绩较差的基金，使得基金业绩与净资金流入之间表现为负相关。这一结果说明，就本期业绩与投资者资金流向关系而言，"赎回与业绩正相关"的"赎回异象"或"赎回困惑"并不存在。

回归结果还表明，基金前期净值增长率 $R_{i,t-1}$ 与申购率正相关；$R_{i,t-1}$ 与赎回率之间在统计上存在一定的正相关关系，但是在经济意义上并不显著。

此外，本书回归结果还表明，分红与申购率正相关，增加分红可以显著增加申购，但是分红并不能减少赎回。

5.5.4　稳健性检验

对前述结果进行以下稳健性检验：

1. 使用资金净流入率代替净申购率

定义基金 i 在 t 期的资金净流入率

$$Flow_{i,t} = \frac{TNA_{i,t} - (1 - R_{i,t})TNA_{i,t-1}}{TNA_{i,t-1}} \tag{5-16}$$

$TNA_{i,t}$ 为基金 i 在 t 期末的总净资产，根据期末单位净值和份额数计算，$TNA_{i,t-1}$ 为基金 i 在 $t-1$ 期末的总净资产。

使用资金流入率代替净申购率后，所得基金业绩与净资金流入之间的关系并无实质变化。

2. 使用相对大盘增长率代替复权单位净值增长率

使用单位净值相对上证综合指数增长率代替复权单位净值增长率作为业绩指标，结果无实质变化。

3. 单位净值对申购赎回行为的影响

为检验单位净值对申购赎回行为的影响，本书还用两个控制变量（基金份额数的自然对数和基金单位净值）替换控制变量基金总净值的自然对数，再进行回归检验，结果表明资金流向与基金单位净值的大小无关。

4. 使用平衡面板数据进行检验

在本节前面所使用样本中，选择 2004 年 3 月 30 日前成立的 38 只基金2004 年 3 季度—2008 年 3 季度的面板数据进行固定效应回归分析，所得结果无实质差别。

5. 分段线性回归检验

由于 PFR 可能存在非线性关系，故本书进行了分段线性回归检验。

首先对全部 $R_{i,t}$ 计算其分数排名（*fractional rank*）$RRF_{i,t}$，$RRF_{i,t}$ 取值范围为 0~1，$R_{i,t}$ 最大值对应 $RRF_{i,t} = 1$，为了进行分段回归分析，令低增长率组 $LowR_{i,t} = \min(0.25, RRF_{i,t})$，中等增长率（一）组 $Midd1R_{i,t} = \min(0.2, RRF_{i,t} - LowR_{i,t})$，中等增长率（二）组 $Midd2R_{i,t} = \min(0.2, RRF_{i,t} - LowR_{i,t} - Midd1R_{i,t})$，中等增长率（三）组 $Midd3R_{i,t} = \min(0.2, RRF_{i,t} - LowR_{i,t} - Midd1R_{i,t} - Midd2R_{i,t})$，高增长率组 $HighR_{i,t} = RRF_{i,t} - LowR_{i,t} - Midd1R_{i,t} - Midd2R_{i,t} - Midd3R_{i,t}$，以这五个增长率为本期业绩的变量，其他控制变量与前面线性回归一样。

根据回归所得系数，得到申购/赎回与业绩之间的拟合曲线关系，如图 5.3：

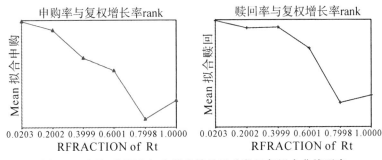

图 5.3 申购/赎回率与本期业绩关系分段回归拟合曲线形态

分段回归的结果表明，对基金单位净值增长率最高的组，申购率与业绩之间为正相关，赎回率与业绩之间也表现出一定的正相关。此外，分段回归结果与线性回归的结果并无实质性差异。

5.5.5 基于半参数模型的检验

为了考察使用绝对基金收益率业绩指标情况下 FPR 的形态，本节引入前面使用过的半参数模型：

$$y = \theta_0 + f(z) + x\theta + \varepsilon \qquad (5-17)$$

其中，$f(\cdot)$ 是不受限制的函数，z 是进入方程的解释变量，在本节即为 $R_{i,t}$。控制变量 x 与 z 之间既不完全相关也不是相互独立的，在本节即 5.5.2 节中的控制变量。θ 是系数向量，ε 是残差。仍然采用 Robinson（1988）提出的"双残差法"估计上述半参数模型，使用局部多项式回归作为非参数回归估计方法，计算以及制图使用统计软件 Stata12 编程实现，局部多项式回归利用其 Lpoly 命令进行，所选择核函数是 Epanechikov 核函数，由 Stata12 软件的 ROT Bandwidth Estimator 自动计算窗宽（bandwidth），所选择的局部多项式阶数为1。

图 5.4 展示了基金资金净流量与基金业绩（R_t 为业绩指标）之间的关系形态。图中虚线为90%置信区间。从图中可以发现，在绝大多数样本观测点范围内，即 $-0.2 < R_t < 0.2$ 范围内，基金的资金净流量与业绩是负相关的，即"赎回异象"所指的现象。值得注意的是，在 $R_t > 0.2$ 后，资金净流量与业绩为正相关。上述关系形态与使用分段线性回归模型的结果一致。

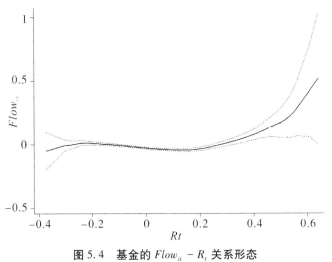

图 5.4　**基金的 $Flow_{it} - R_t$ 关系形态**

5.5.6　关于"赎回异象"的小结

如果单以基金的绝对收益率为业绩指标进行考察，确实可以发现基金的业绩与资金净流量负相关，即存在着持"赎回异象"观点的研究文献所发现的现象。然而进一步的研究发现这并不能称为"赎回异象"，也不会产生"赎回异象"论所称的会对基金管理者形成负激励的问题。

首先，将资金净流量分解为资金流入与资金流出后，再考察基金业绩（仍然以 R_t 为业绩指标）与资金流量的关系后发现，基金业绩与资金净流量负相关，并非是由于投资者偏好赎回业绩好的基金品种，而是由于投资者偏好申购业绩差的基金品种。

其次，即使基金业绩（以 R_t 为业绩指标时）与资金净流量负相关，也不能断定会对基金管理者形成负激励。这是因为 R_t 在不同时期不具有可比性。

最后，使用线性回归模型检验，不能捕捉到存在的非线性关系，并且在实际关系为非线性时，回归结果的效果也不好。

对于投资者偏好申购 R_i 低的基金品种的同时又偏好赎回 R_i 低的基金品种，本书认为一个可能的原因是：我国机构投资者对基金市场具有重大影响，样本期间大量的赎回是机构投资者所为。[①] 我国企业投资者申购与赎回基金的差价要计入所得税纳税额，所以可能出于避税动机而赎回亏损的基金份额，即进行了所谓税收转换（Tax-Swap）操作。具体而言，就是这些机构投资者在赎回单位净值增长率低亏损的基金品种以享受抵税的利益的同时，又进行申购同类型（比如单位净值增长率低的甚至就是卖出的）基金的操作。这也从另外一个方面解释了为什么赎回率对业绩远不如申购率对业绩敏感。虽然"心理账户"效应可能会影响税收转换操作，但是作为理性程度较高的机构投资者可以有足够的理性克服"心理账户"的影响。

5.6 小结

本章的实证检验结果表明，投资者表现出了偏好赎回业绩优秀的基金的倾向，但是对基金业绩—资金流出关系的考察并未发现投资者的申购与基金业绩负相关，这就可以排除是由于存在"反转预期"以致投资者偏好赎回业绩好的基金品种。故我国基金市场中确实存在着比较显著的处置效应，这是跟我国基金市场的以个人投资者为主体的投资者结构以及短期投资者多的特点相一致的。本章的检验还发现，投资者在申购时会偏好业绩好的基金品种，名列前茅的明星基金会吸引到超额的申购资金，即存在着"明星效应"。这一现象是跟我国基金市场的特点相一致的：我国基金市场高速发展，基金品种与数量高速增长，投资者的搜索成本高以及参与成本高；而新投资者大量涌入，在全部投资者中所占的比重高。

虽然我国基金投资者在赎回时表现出"反向选择"，偏好赎回业绩优秀的基金，但是由于投资者申购时会"追逐业绩"，基金业绩排名上升仍然能够给其带来资金净流量的增加，尤其是成为业绩超群的明星基金，可以为其带来超额的净资金流入。故我国基金市场存在着"明星效应"；而基金业绩与资金净流量负相关的"赎回异象"并不存在，也就不存在因之产生的对基金管理者

---

① 根据中国证券业协会编《证券投资基金行业统计数据》，机构投资者持有基金份额比重在 2004 年、2005 年、2006 年和 2007 年年末分别为 38.70%、46.65%、18.28% 和 8.72%。（www.sac.net.cn）。

形成负激励的问题。对"赎回异象"的进一步检验表明，"赎回异象"是一个假象。产生这一假象的原因与使用的线性模型的缺点有关，也跟所使用的基金业绩指标（原始收益率）有关。

由于基金业绩与资金净流量正相关并呈非线性，存在着显著的明星效应，而我国投资者又并未表现为典型的风险厌恶者（基金回报率的标准差与资金净流量并非负相关），对我国基金管理者而言，这就形成了收益与风险的不对称性比国外成熟市场更强的报酬机制。因此使基金管理者有了为获得更高排名而令所管理的投资组合承担过度风险的动机，从而可能扭曲其投资行为，这不仅不利于基金投资者，还可能影响股票市场的稳定。故监管层应该加强投资者风险意识教育，并采取措施严格监控基金的高风险交易行为。

6. 基金的业绩与机构投资者、个人投资者的申购赎回

机构投资者与个人投资者的交易策略以及行为均存在显著差异。机构投资者一般被认为是理性程度较高的投资者，那么他们的交易行为中应该没有处置效应，即使有也应该明显弱于个人投资者。从搜索成本来看，机构投资者所受影响也应该小于个人投资者。我国基金市场有相当数量的机构投资者，其申购赎回基金份额的差价收入要合并到应纳所得税额，故存在赎回业绩差导致亏损的基金品种以抵扣所得税的动机，并存在进行税收转换操作的动机；而个人投资者申购赎回基金份额的差价收入不交所得税。

本章将通过对比分析主要由个人持有的和主要由机构持有的两类基金的业绩与资金流量之间的关系，以探讨处置效应、搜索成本以及避税动机的影响。

6.1 研究方法

6.1.1 变量说明

被解释变量包括资金流入率 $InFlow_{i,t}$、资金流出率 $OutFlow_{i,t}$ 和净资金流入率 $Flow_{i,t}$，分别用于考察基金业绩—资金流入关系、基金业绩—资金流出关系以及基金业绩—资金净流量关系。定义如下：

$$InFlow_{i,t} = \frac{App_{i,t}}{TNA_{i,t-1}} \qquad\qquad (6-1)$$

$$OutFlow_{i,t} = \frac{Red_{i,t}}{TNA_{i,t-1}} \qquad\qquad (6-2)$$

$$Flow_{i,t} = \frac{App_{i,t} - Red_{i,t}}{TNA_{i,t-1}} \qquad\qquad (6-3)$$

$TNA_{i,t}$ 为基金 i 在 t 期期末的资产净值总额；$R_{i,t}$ 为基金 i 在 t 期的考虑了分红的原始回报率；$App_{i,t}$ 是基金 i 在 t 期中所得到的来自投资者的申购金额，$Red_{i,t}$ 是基金 i 在 t 期中遭受的投资者的赎回金额。

解释变量是基金的历史业绩。本书采用原始收益率的序数回报率形式 $FR_{i,t-1}$ 作为基金业绩的基本指标。其定义方法是：$t-1$ 期时样本中共有 n 只基金，考虑了分红的原始回报率 $R_{i,t-1}$ 在 n 只基金中排名为 $rank(i)$（排名规则是回报率最小的排第 1），则有：

$$FR_{i,t-1} = \frac{rank(i) - 1}{n - 1} \tag{6-4}$$

本书参考 *Chevalier* 和 *Ellison*（1997）、*Sirri* 和 *Tufano*（1998）、刘志远和姚颐（2005）、陆蓉等（2007）等相关研究，选择了如下 7 个控制变量（用 x_k 代表，$k = 1, 2, \cdots, 7$）。

（1）x_1 为基金规模——$\text{Ln}TNA_{i,t-1}$

$\text{Ln}TNA_{i,t-1}$ 是基金 i 在上期期末净资产的规模（以百万元为单位，取自然对数）。

（2）x_2 为基金年龄——$Age_{i,t}$

$Age_{i,t}$ 是基金年龄，定义为从基金 i 成立日到 t 期期初的时间（以季度为单位）。

（3）x_3 为基金投资风险——$Stdr_{i,t-1}$

$Stdr_{i,t-1}$ 是基金 i 在 $t-1$ 期收益率的标准差，用来衡量基金投资的风险。

（4）x_4 为基金单位分红金额——$Dividen_{i,t}$

$Dividen_{i,t}$ 是基金 i 在 t 期的单位分红金额。

（5）x_5 为分红次数——$Divtim_{i,t}$

$Divtim_{i,t}$ 是基金 i 在 t 期的分红次数。

（6）x_6 为基金家族规模——$ManF_{i,t}$

$ManF_{i,t}$ 是基金 i 所属的基金家族 F 在 t 期期初资产净值之和（以百万元为单位，取自然对数）。

（7）x_7 为市场平均资金流量

6.1.2 基本模型说明

考虑到已有相关研究发现的基金的资金流量对不同业绩的敏感性存在很大差别，本书建立如下分段线性回归模型作为基本模型：

$$Fl_{i,t} = \theta_0 + \beta_1 rankdog + \beta_2 rankmiddle + \beta_3 rankstar + \beta_4 rankdog \times dum_{endyr} +$$

$$\beta_5 rankmiddle \times dum_{endyr} + \beta_6 rankstar \times dum_{endyr} + \beta_7 dum_{endyr} + \sum \theta_k x_k + v_i + \varepsilon_{i,t} \quad (6-5)$$

（6-5）式是一个固定效应的非平衡面板数据回归模型。被解释变量 $Fl_{i,t}$ 代表资金流出率、资金流入率和净资金流入率。（6-5）式中 v_i 随基金个体不同而变化，表示各基金不可观测的个体固定效应，用来控制随基金不同而变化的因素影响，$\varepsilon_{i,t}$ 为误差项。解释变量 $rankdog$、$rankmiddle$ 和 $rankstar$ 分别表示基金分段序数回报率，其回归系数分别代表了绩劣基金、中等业绩基金和绩优基金的资金流量对业绩的敏感性。这三个解释变量分别由以下分段函数定义：

$$rankdog = \text{Min}(FR_{i,t-1}, 0.15) \quad (6-6)$$

$$rankmiddle = \text{Min}(FR_{i,t-1} - rankdog, 0.7) \quad (6-7)$$

$$rankstar = \text{Min}(FR_{i,t-1} - rankdog - rankmiddle, 0.15) \quad (6-8)$$

当赎回交易发生在下半年时，哑变量 dum_{endyr} 等于 1，否则为 0。避税交易一般发生在下半年，设置哑变量 dum_{endyr} 的目的是检验是否存在避税交易。

6.1.3 样本说明

样本是半年度非平衡面板数据，最大截面成员基金 311 只（2011 年上半年），进入样本的基金要求至少有 2 期（1 年）的交易记录。样本期为 2005 年上半年—2011 年上半年，共 13 期。将在期初机构持有份额占全部份额的比重（jgb）超过 60% 的基金定义为"主要由机构持有的基金"；将期初 jgb 低于 40% 的基金定义为"主要由个人持有的基金"。全样本观测数（基金·半年）2 102 个，子样本 1（主要由机构持有的基金）观测数（基金·半年）245 个，子样本 2（主要由个人持有的基金）观测数（基金·半年）为 1 622 个。所得样本的主要变量的统计描述见表 6.1：

表 6.1　　　　　　　　　样本主要变量统计

	OutFlow$_{i,t}$	InFlow$_{i,t}$	Flow$_{i,t}$	R$_{i,t}$	Stdr$_{i,t}$	jgb
全样本						
样本观测数（Obs）	2 102	2 102	2 102	2 102	2 102	2 102
平均值（Mean）	0.51	0.73	0.22	0.057	0.014	0.228
标准差（Std. Dev）	0.794	2.08	1.51	0.178	0.005	0.242
子样本 1（主要由机构持有 jgb>0.6）						
样本观测数（Obs）	245	245	245	245	245	245
平均值（Mean）	0.63	0.65	0.02	0.157	0.011	0.736

表6.1(续)

	OutFlow$_{i,t}$	InFlow$_{i,t}$	Flow$_{i,t}$	R$_{i,t}$	Stdr$_{i,t}$	jgb
标准差（Std. Dev）	0.491	0.906	0.625	0.202	0.004	0.090
子样本2（主要由个人持有 jgb<0.4）						
样本观测数（Obs）	1 622	1 622	1 622	1 622	1 622	1 622
平均值（Mean）	0.47	0.736	0.267	0.032	0.015	0.113
标准差（Std. Dev）	0.838	2.292	11.68	0.162	0.005	0.107

6.2 基金的业绩与机构投资者和个人投资者的赎回

表6.2 显示了对基金业绩—资金流出的检验结果：

表6.2　　　　固定效应非平衡面板数据模型的回归结果

被解释变量 OutFlow	全样本	子样本1	子样本2
β_1 rankdog	0.59	0.84	0.16
	(0.79)	(0.48)	(0.19)
β_2 rankmiddle	−0.19**	−0.05	−0.32***
	(−1.94)	(−0.24)	(−2.94)
β_3 rankstar	2.19***	1.21	1.83**
	(3.10)	(1.38)	(2.10)
β_4 rankdog * dum$_{endyr}$	0.43	−1.06	0.53
	(0.39)	(−0.48)	(0.44)
β_5 rankmiddle * dum$_{endyr}$	0.10	−0.06	0.23
	(0.71)	(−0.20)	(1.42)
β_6 rankstar * dum$_{endyr}$	−0.33	−2.33*	0.61
	(−0.32)	(−1.74)	(0.51)
β_7 dum$_{endyr}$	−0.04	0.22	−0.12
	(−0.29)	(0.83)	(−0.51)

表6.2(续)

被解释变量 OutFlow	全样本	子样本 1	子样本 2
θ_0	1.97 ***	1.91 ***	3.41 ***
	(8.40)	(2.87)	(10.06)
控制变量 x_k	控制	控制	控制
样本观测数	2 102	245	1 622
F	103.35	6.95	108.99
R^2	0.38	0.18	0.36

注释：* 表示10%水平上显著，** 表示5%水平上显著，*** 表示1%水平上显著；括号内的为t统计量。

从表6.2中看以看出，使用主要由个人持有的基金组成的子样本2的回归结果，与使用全样本回归的结果相似，整体上基金的业绩与资金流出正相关并呈明显的非线性。从使用全样本回归的结果来看，随着业绩排名上升，绩优基金的资金流出将显著增加，且对业绩非常敏感（$\beta_3 = 2.19$，$\beta_3 + \beta_6 = 1.86$）。中等业绩基金的资金流出与业绩虽然是负相关的，但是在经济意义上不显著（$\beta_2 = -0.19$，$\beta_2 + \beta_5 = -0.09$）。绩劣基金的资金流出与业绩正相关，但无论是在经济意义上还是统计意义上都不显著。上述结果表明整体上我国投资者偏好赎回业绩优秀的基金品种；对普通业绩基金和绩劣基金，投资者的赎回对业绩却不敏感。这说明投资者的交易行为中存在着显著的处置效应。哑变量 dum_{endyr} 及其与三个解释变量的交互项的回归系数均不显著，说明整体上投资者的赎回行为在上半年与下半年并未表现出明显差别。

本书的这一发现直接证实了已有相关研究关于我国投资者偏好赎回绩优基金的猜测，跟国外对成熟市场的研究结论相比存在明显区别。国外相关研究认为，投资者不愿意从业绩差的基金中退出，但并未将其归因于处置效应，也未见有国外研究报道发现投资者偏好赎回业绩优秀的基金。Gruber（1996）提出，一些投资者比较天真，容易被广告或者券商所蛊惑，有的受到其养老金计划的限制，还有部分投资者则由于赎回后须纳税，所以未赎回业绩不佳的基金。Goetzmann 和 Peles（1997）认为，部分投资者可能会对所持有基金不佳的业绩"视而不见"，如果因为发现这些基金业绩不佳而卖出的话，则会证明自己当初买入决策是错误的，从而增加其认知失调。Lynch 和 Musto（2003）认为，投资者可以相信，不佳的历史业绩并不能据以预测未来业绩，因为市场竞争的压力将迫使这些基金改变投资策略或者更换经理，故投资者对差的历史业绩的反应较弱。

表 6.2 还列出了使用模型（6-3）对子样本 1（主要由机构持有的基金）的回归结果。可以看到，*rankstar* 的回归系数 $\beta_3 = 1.21$（$t = 1.38$，$p = 0.168$），这意味着在上半年，绩优基金的业绩与资金流出正相关（未达到 10% 水平显著），表明我国机构投资者也表现出了一定程度偏好赎回业绩优秀的基金品种的倾向，其交易行为中存在着一定程度的处置效应。这一发现与 Frazzini（2006）的研究结论有相似之处，他发现美国基金经理们在股票交易中存在着比个人投资者程度较弱的处置效应。而在下半年，基金的业绩与资金流出负相关（$\beta_3+\beta_6 = -1.12$，$\beta_2+\beta_5 = -0.11$，$\beta_1+\beta_4 = -0.22$）。这表明在下半年，我国机构投资者的避税交易掩盖了处置效应。这跟 Ivkovic 和 Weisbenner（2006）对美国不能免税的投资者账户的交易数据的分析结果一致。

总之，我国开放式基金的个人投资者的交易行为表现了显著的处置效应；而机构投资者的交易行为中的处置效应比较弱，并且机构投资者会进行税收转换操作，这可以掩盖处置效应。

6.3 基金的业绩与机构投资者和个人投资者的申购

表 6.3 显示了对基金业绩—资金流入关系进行检验，使用分段线性回归模型回归得到的结果，此时，不再需要控制上半年与下半年的差异。

表 6.3   固定效应非平衡面板数据模型的回归结果

被解释变量 InFlow	全样本	子样本 1	子样本 2
β_1 rankdog	-1.84	-4.31	-3.37
	(2.08)	(2.56)*	(2.33)
β_2 rankmiddle	-0.11	0.41	-0.29
	(0.28)	(0.31)	(0.33)
β_3 rankstar	4.48	2.04	3.10
	(1.55)***	(1.29)	(1.93)*
θ_0	6.22	4.90	13.76
	(0.54)***	(0.74)***	(0.78)***
控制变量 x_k	控制	控制	控制

表6.3(续)

被解释变量 InFlow	全样本	子样本 1	子样本 2
样本观测数	2 102	245	1 622
F	90. 62	7. 48	107. 75
R^2	0. 26	0. 10	0. 20

注释:* 表示 10%水平上显著,** 表示 5%水平上显著,*** 表示 1%水平上显著;括号内的为标准差。

从表 6.3 可以看出,机构投资者与个人投资者申购中,对基金业绩的反应存在明显的差异。首先,个人投资者表现出了追逐业绩的倾向(rankstar 的系数 β_3 显著为正),而机构投资者并未表现出明显的追逐业绩的倾向(rankstar 的系数 β_3 虽然为正,但是在统计上不显著)。其次,机构投资者表现出了一定的"反向申购"的倾向,即对绩差基金而言,rankdog 的系数 β_1 显著为负,而个人投资者并未表现出该倾向。

个人投资者追逐业绩而机构投资者没有,产生这一差异的原因在于:搜索成本对个人投资者的影响非常显著,而对机构投资者的影响较弱。个人投资者限于时间和技术能力等,常常将注意力集中在名列前茅的少数基金;而机构投资者一般拥有专业的研究力量,可以对较大范围的基金品质进行考察。

机构投资者表现出了一定的"反向申购"倾向,产生的原因在于"税收转换"操作,即机构投资者会有意识地赎回业绩表现差导致亏损的基金品种以抵扣所得税,同时又申购相同或类似的基金。

6.4 基于半参数模型的考察

6.4.1 基金业绩—资金流出关系的形态

使用半参数模型,可以保留无参数模型的回归函数形式不受约束以及对变量的分布也很少限制的优点,所得估计结果较为稳健,在实际关系可能存在非线性时,使用其进行验证是非常必要的。本节使用如下半参数模型:

$$OutFlow_{i,t} = \theta_0 + f(FR_{i,t-1}) + \sum \theta_k x_k + \varepsilon \qquad (6\text{-}9)$$

其中 $f(\cdot)$ 是不受限制的函数;残差 ε 的均值为 0,方差为常数 σ_ε^2。对于上述半参数模型,本书采用 Robinson(1988)所提出的"双残差"法来估计,分为三个步骤。

首先，分别以被解释变量 $OutFlow_{i,t}$ 和各个控制变量 x_k 为因变量，以 $FR_{i,t-1}$ 为自变量，运用局部多项式回归方法求出 $E(OutFlow_{i,t}|FR_{i,t-1})$ 和 $E(x|FR_{i,t-1})$ 的一致估计量 $\hat{m}_y(FR_{i,t-1})+\varepsilon_1$，$\hat{m}_{xk}(FR_{i,t-1})+\varepsilon_2$（$k$ 是进入方程的控制变量的下标）。

然后，根据（6-9）式，使用普通最小二乘法估计控制变量的系数估计值 $\hat{\theta}$：

$$OutFlow_{i,t}-\hat{m}_y(FR_{i,t-1})=[x-\hat{m}_x(FR_{i,t-1})]\theta+\varepsilon \tag{6-10}$$

其中，向量 $[x-\hat{m}_x(FR_{i,t-1})]$ 表示各个控制变量与其条件期望之间的差。

最后，根据（6-10）式，运用局部多项式回归估计 $f(\cdot)$：

$$OutFlow_{i,t}-x\hat{\theta}=\theta_0+f(FR_{i,t-1})+\varepsilon \tag{6-11}$$

上述过程以及绘图全部采用统计软件 $Stata12$ 编程完成，其中局部多项式回归主要利用其中的 $Lpoly$ 命令完成。

使用各样本对 $f(\cdot)$ 的估计结果见图 6.1。使用全部基金样本估计所得结果表明，基金的业绩与资金流出之间是正相关的，同时还可以从图 6.1 看出，二者之间呈明显的非线性关系，这证明了使用半参数模型进行检验的必要性。由于我国开放式基金市场中个人投资者占主导地位，使用主要由个人持有的基金组成的子样本的估计结果，与使用全部基金样本估计的结果很相似。

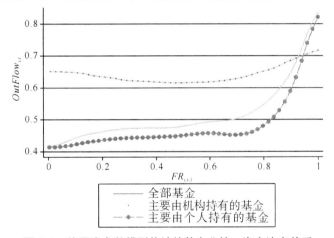

图 6.1　使用半参数模型估计的基金业绩—资金流出关系

从图 6.1 还可以看出，使用主要由机构持有的基金组成的子样本的估计结果表明，基金的业绩与资金流出之间并不存在明显的相关关系。所以，机构投资者的赎回行为与个人投资者存在显著差异：个人投资者偏好赎回业绩优秀的基金品种，而机构投资者并未表现出这一倾向。

6.4.2 基金业绩—资金流入关系的形态

图 6.2 为以资金流入率为被解释变量，使用半参数模型进行计算制作的图，展示了基金的业绩与资金流入之间的关系。从图中可以看出，个人投资者表现出了非常明显的追逐业绩的倾向，曲线右端的斜率大（子样本 2 代表主要以个人持有的基金）；与之形成对比的是，机构投资者虽然也偏好申购业绩好的基金，但是并未表现为追逐业绩，使用子样本 1（主要由机构持有的基金）所得曲线的斜率并未随基金的业绩排名增加而增加，其取值也小于使用子样本 2 所得曲线。

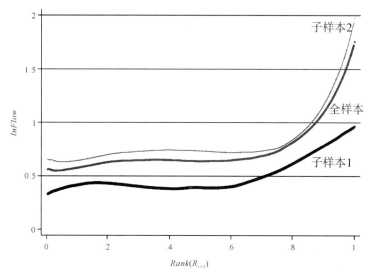

图 6.2　使用半参数模型估计的基金业绩—资金流入关系

6.4.3 基金业绩—资金净流量关系

图 6.3 是以净资金流入率为被解释变量，使用半参数模型估计的基金业绩—资金净流量关系图。

从图 6.3 中可以看出，对以个人投资者持有为主的基金而言，基金业绩—资金净流量关系呈现出非常显著的非对称形态，当基金名列前茅时，可以获得超额的净资金流入。对以机构投资者持有为主的基金而言，基金业绩—资金净流量关系呈 U 形，并且曲线的曲率明显小于以个人持有为主的基金。

个人投资者与机构投资者交易行为的差异导致了上述不同基金的 FPR 曲线形态上的差异。个人投资者与机构投资者交易行为的差异，根源于不同的资金实力，主要表现在信息搜索处理能力、税收和理性程度上的差异。

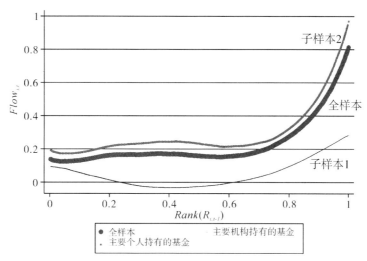

图 6.3 使用半参数模型估计的基金业绩—资金净流量关系

6.5 小结

实证检验结果表明，对于主要由机构持有的基金，在上半年，其业绩与资金流出之间存在着一定程度的但在统计意义上不显著的正相关；而在下半年，其业绩与资金流出负相关。主要由个人持有的基金的业绩与资金流出正相关并呈明显的非线性关系。由于无论人数还是持有份额数，个人投资者都占绝大多数，主导着整个基金市场的业绩与资金流出之间的关系，所以从我国基金市场的整体上看，基金的业绩与资金流出正相关。基于上述发现，本书得到以下结论：我国个人投资者在赎回基金的交易中存在着较强的处置效应；而机构投资者交易行为中的处置效应比较弱，并且其避税交易动机能够战胜处置效应。

我国基金市场存在着投资者偏好赎回业绩优秀的基金品种的"反向选择"现象，不利于份额开放制度隐含的激励机制正常运转，不利于基金市场的健康发展。本书的发现表明，消除或者减弱投资者"反向选择"的"异象"，可以更多地依靠税收手段。值得指出的是，对个人投资者申购赎回基金份额免征所得税，其目的之一是扶持基金市场的发展。但是，没有了避税动机，使得处置效应凸显，"反向选择"盛行，却又会损害基金市场的发展。如果对个人投资者赎回基金份额实现的利润也征收所得税，对发生的亏损则允许抵扣所得税，除了可以激发其避税交易动机外，还可以鼓励长期持有，减弱处置效应。

从投资者的申购行为来看，机构投资者与个人投资者也存在显著差别。个人投资者表现了非常显著的"追逐业绩"的倾向，而机构投资者并未明显地表现出这一倾向。产生这一差别的原因在于个人投资者相对于机构投资者的信息搜索处理能力低，搜索成本对其影响大，以及理性程度低，处置效应强。

最终，对主要由个人投资者持有的基金而言，基金业绩—资金净流量呈现非线性正相关关系，不对称的形态非常明显。而对主要由机构投资者持有的基金而言，基金业绩—资金净流量呈一定程度的 U 形形态。

本章发现，不同投资者的申购赎回对基金业绩的反应模式存在显著差别，对于基金的营销策略尤其是市场细分有非常明显的意义。由于市场中主要是个人投资者，基金经理的最佳投资管理策略仍然是宁愿承担过度风险也要追逐业绩排名。

7. 基金属性对基金的业绩与资金流量之间关系的影响

基金投资者可以根据基金的一些特征属性来推断、获取基金的品质等信息，进而据以作出投资选择，从而影响 FPR 及其形态。

7.1 基金年龄的影响

已有研究表明，基金的历史业绩会影响到来自投资者的资金流入。如果投资者确实是根据历史业绩数据判断基金的品质，那么一个合理的推论是：由于业绩记录历史短，相对于老基金，年轻基金的资金流入对近期业绩更敏感（Chevalier 和 Ellison，1997）。国外有部分研究考察了年轻基金和老基金的资金流入对业绩反应的敏感方面的差别，比如 Chevalier 和 Ellison（1997）发现年轻基金的资金流入对近期业绩的反应远比老基金敏感。

虽然多数国内已有相关实证研究一般都发现了基金年龄与资金流入正相关，但是并未分别考察年轻基金和老基金的资金流入对业绩的敏感性。如果与老基金相比，年轻基金的资金流入对近期历史业绩的敏感性并无实质性差别，那么就很难认为基金投资者是根据历史业绩来判断基金品质的。

本节使用半参数模型和我国开放式基金的数据，分别考察年轻基金和老基金的业绩—资金流量关系，以检验基金年龄对基金的业绩与资金流量关系形态的影响。

7.1.1 样本说明

本节所使用数据来源于锐思金融数据库（www.resset.cn）。该数据库对基金按"基金类型""投资类型"和"投资风格"三个标准进行了分类。本节以积极管理的开放式基金为研究对象，按如下步骤筛选样本基金：①选择基金类型为开放式的全部基金；②删除投资类型为指数型、优化指数型、债券型和现金型的基金；③删除投资风格为保本型、偏债型的基金以及 QDII 基金。将基金年龄小于 8 个季度的定义为年轻基金，将基金年龄大于 16 个季度的定义为老基金。

所取数据为基金的季度资金数据，样本期间为 2005 年 1 季度—2012 年 1 季度。所得样本的主要变量的统计见表 7.1：

表 7.1   **样本主要变量统计**

	$Flow_{i,t}$	$R_{i,t}$	$Stdr_{i,t}$	$Lnna_{t1}$	基金年龄 $age_{i,t}$（季度）
年轻基金（$age_{i,t}$<8 季度）					
样本量（N）	1 598	1 598	1 601	1 601	1 601
平均值（Mean）	0.003	0.043	0.015	7.338	4.833
标准差（Std. Dev）	0.386	0.171	0.005	1.503	1.777
老基金（$age_{i,t}$>16 季度）					
样本量（N）	1 436	1 436	1 436	1 436	1 436
平均值（Mean）	−0.013	0.017	0.014	7.992	22.711
标准差（Std. Dev）	0.196	0.134	0.004	1.274	4.979

7.1.2 研究方法说明

7.1.2.1 检验模型
本章使用同第 5 章的如下形式的半参数模型：
$$flow_{i,t+1} = \theta_0 + f(FR_{i,t}) + x\theta + \varepsilon \tag{7-1}$$
其中，$f(\cdot)$ 是不受限制的函数，$FR_{i,t}$ 是进入方程的解释变量，为基金的序数业绩指标。控制变量 x 与解释变量之间既不完全相关也不是相互独立的。θ 是系数向量，ε 是残差，仍然采用 Robinson（1988）提出的"双残差法"估计上述半参数模型。

7.1.2.2 变量说明
被解释变量是基金的季度净资金流入率 $flow_{i,t}$，解释变量是基金业绩，选择基金季度序数回报率形式 $FR_{i,t-1}$ 作为业绩指标。

本书参考 Chevalier 和 Ellison（1997）、Sirri 和 Tufano（1998）、刘志远和姚颐（2005）、陆蓉等（2007）等相关研究，选择了如下 6 个控制变量（用 x_k 代表，$k=1, 2, \cdots, 6$）。

（1）x_1为基金规模——Ln$TNA_{i,t-1}$

Ln$TNA_{i,t-1}$是基金i在上期期末净资产的规模（以百万元为单位，取自然对数）。

（2）x_3为基金投资风险——Std$r_{i,t-1}$

Std$r_{i,t-1}$是基金i在$t-1$期收益率的标准差，用来衡量基金投资的风险。

（3）x_4为基金单位分红金额——$Dividen_{i,t}$

$Dividen_{i,t}$是基金i在t期的单位分红金额。

（4）x_5为分红次数——$Divtim_{i,t}$

$Divtim_{i,t}$是基金i在t期的分红次数。

（5）x_6为基金家族规模——$ManF_{i,t}$

$ManF_{i,t}$是基金i所属的基金家族F在t期期初资产净值之和（以百万元为单位，取自然对数）。

（6）x_7为市场平均资金流量

7.1.3　实证结果与分析

图7.1是使用年轻基金样本和老基金样本所得结果。

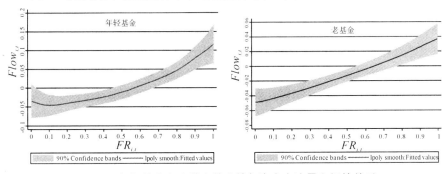

图7.1　年轻基金和老基金的业绩与资金净流量之间的关系

从图7.1可以看出，无论是年轻基金还是老基金，历史业绩与资金流入之间都是正相关的。相对于老基金而言，年轻基金的业绩与资金流入之间的非线性关系更为显著，年轻基金的资金流入对业绩的反应也远比老基金敏感。这一发现与Chevalier和Ellison（1997）对美国基金市场年度数据的研究结论相似。

基金业绩与净资金流入之间正相关，并不能排除投资者在赎回时偏好赎回业绩好的基金品种，因为可能是申购者追逐业绩而掩盖了赎回者的"反向选择"。但是，良好的业绩可以带来净资金流入的增加，超群的业绩可以带来超额的净资金流入，说明投资者确实在根据业绩选择基金。年轻基金的资金流入对近期业绩的反应远比老基金敏感，进一步证明基金投资者确实在根据业绩判断基金品质，并进行投资决策。

所以，基金的年龄确实能够影响资金流量对基金业绩的敏感性，对于老基金而言，资金流量对基金业绩的敏感程度明显低于年轻基金。这与投资者会根据基金业绩来选择投资对象的理论分析一致。

在政府监管部门大力扶持的背景下，我国开放式基金数量出现井喷式增长，其后果之一便是多数基金的历史都很短，为年轻基金，缺乏业绩记录。故投资者的资金流对这些基金的业绩会非常敏感。

7.2 基金投资组合的流动性的影响

投资者可以随时按照单位净值申购或者赎回开放式基金份额，而基金管理者为此需要进行相应的对投资组合的调整操作，这些操作成本将由基金原来的（或者继续）持有者承担，由此就会产生外部性问题。

一方面，在基金净值上升的过程中，新投资者可以通过申购来获取利益：以现金资产分享风险资产的增值。这一过程被 Green 和 Hoghes（2002）称为稀释效应（Dilution Impact），通常在较短时期内存在，在较长时期内基金管理者可以通过调整投资组合来消除之。另一方面，在基金净值下降的过程，投资者的赎回可迫使基金变现部分资产，所产生的流动性成本将由继承持有者承担，Chen、Goldstein 和 Wei（2010）指出，这可能诱发类似于银行挤兑的过程，增加金融市场内生的脆弱性（financial fragility）。在投资者倾向于短期持有时这一过程更易于发生，中国基金市场的一个特点就是短期投资者所占比重大，上述问题更为严重。

由于基金资产组合的流动性不同，上述两个过程的影响程度就存在差异。所以可以推断，当基金的资产组合的流动性越高，资金流对业绩的敏感程度就越低（FPR 曲线越平缓）；当基金资产组合的流动性越低，资金流对业绩的敏感程度越高（FPR 曲线越陡峭）。本节使用半参数模型刻画出不同流动性的基金的 FPR 曲线，来验证上述推断。

7.2.1 模型与数据说明

7.2.1.1 模型说明

$$flow_{i, t} = \theta_0 + f(alpha1) + x\theta + \varepsilon \qquad (7-2)$$

其中，$f(\cdot)$ 是不受限制的函数，$alpha1$ 是进入方程的解释变量，为基金风险调整后的业绩指标，此处选择的指标是詹森 α。此处选择詹森 α 作为基金业绩的指标的理由是，投资者能够识别基金资产组合的流动性，也就能够或者会使用风险调整后的业绩指标。控制变量 x 与基金业绩之间既不完全相关也不是相互独立的。θ 是系数向量，ε 是残差，仍然采用 Robinson（1988）提出的"双残差法"估计上述半参数模型。

控制变量包括如下 7 个（用 x_k 代表，$k=1$，2，…，7）。

（1）x_1 为基金规模——$\mathrm{Ln}TNA_{i,t-1}$

（2）x_2 为基金年龄——$Age_{i,t}$

（3）x_3 为基金投资风险——$\mathrm{Std}r_{i,t-1}$

（4）x_4 为基金单位分红金额——$Dividen_{i,t}$

（5）x_5 为分红次数——$Divtim_{i,t}$

（6）x_6 为基金家族规模——$ManF_{i,t}$

（7）x_7 为市场平均资金流量

7.2.1.2　数据说明

本节数据，无论是关于基金的还是关于上市公司的，均来源于锐思金融数据库（www.resset.cn）。以积极管理的开放式基金为研究对象，按如下步骤筛选样本基金：①选择基金类型为开放式的全部基金；②删除投资类型为指数型、优化指数型、债券型和现金型的基金；③删除投资风格为保本型、偏债型的基金以及 QDII 基金。

所取数据为基金的季度数据，样本期间为 2005 年 1 季度—2012 年 1 季度。将全部样本基金划分成两个子样本：子样本 1 为资产流动性高的基金；子样本 2 为资产流动性低的基金。划分的过程如下：

首先，将全部上市公司按流通市值大小排序，计算相应的百分比排名。

然后，对每只样本基金的投资组合中的股票流通市值百分比排名计算加权平均值，权重为持有该公司股票的市值在基金资产中的比重。

最后，对所有样本基金按上一步骤计算所得的加权百分比进行排序，排前50%的基金定义为资产流动性好的基金，排在后 50%的基金定义为资产流动性差的基金。所得样本主要变量的统计描述见表 7.2。

表 7.2   主要变量指标的统计描述

	Variable	Obs	Mean	Std. Dev.	Min	Max
子样本 1 （流动性 好的 基金）	$R_{i,t}$	1 804	0.04	0.16	−0.37	0.61
	stdrt	1 804	0.01	0.01	0.00	0.03
	alpha1 （詹森 α）	1 804	0.00	0.01	−0.03	0.05
	$Flow_{i,t}$	1 804	0.02	0.44	−1.08	3.93
	$ManF_{i,t}$	1 804	9.10	1.47	4.45	12.00
	age	1 804	13.06	7.75	3.26	36.40
子样本 2 （流动性 差的 基金）	$R_{i,t}$	1 974	0.04	0.16	−0.27	0.64
	stdrt	1 974	0.01	0.01	0.00	0.03
	alpha1 （詹森 α）	1 974	0.00	0.01	−0.10	0.05
	$Flow_{i,t}$	1 974	0.00	0.31	−0.79	3.92
	$ManF_{i,t}$	1 974	10.26	1.03	6.73	12.00
	age	1 974	14.74	7.30	4.89	39.02

7.2.2 实证结果

图 7.2 为使用半参数模型（7-2）进行计算所得结果绘制的图，展示了资产流动性不同的基金的 FPR 曲线的形态。从图中可以看出，资产流动性差的基金的 FPR 曲线明显要比资产流动性好的资产的 FPR 曲线陡峭，即对资产流行差的基金而言，其资金流对业绩的敏感性要显著强于资产流动好的基金。

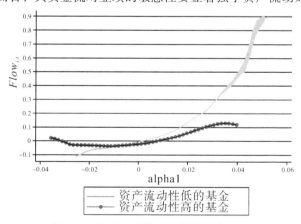

图 7.2   资产流动性不同的基金的 FPR

所以，图 7.2 的结果证实了本节开头的推断，有基金投资者会关注基金资产组合的流动性，并因此采取相应的交易策略牟利。这表明即使存在着申购费或赎回费，部分投资者也可能利用基金的资产流动性差这一特点，通过申购或者赎回来牟利。

7.3 基金家族规模的影响

大型基金公司或者基金家族的广告宣传具有规模经济效应，从而可以降低投资者的搜索成本。而对于搜索成本较低从而参与成本较低的基金而言，其业绩排名的上升所起的降低投资者搜索成本的效果就相对下降，对 PFR 曲线的影响表现在参与效应减弱，其 FPR 曲线曲率较小。我国基金市场属于新兴市场，所处发展阶段中，各基金公司的规模与水平差异明显，投资者可能更容易受到广告宣传的影响。

从另外一个角度看，基金所属的管理公司规模或者基金家族的规模，是基金的一个易于观察到的特征，可能会影响到投资者的判断和选择。比如在信息成本高的情况下，一些投资者会根据基金家族规模推断基金的品质，从而偏好大型基金家族的成员基金。在这种情况下，基金业绩排名所起的降低搜索成本的作用的重要性也会相对下降。

所以，可以推断，大型基金家族成员的基金业绩—资金净流量曲线较小基金家族成员要平缓，曲率较小。

7.3.1 方法与数据说明

本节将积极管理型基金按所属基金公司的规模分类，取大基金公司成员基金和小基金公司成员基金为研究对象，然后分别使用半参数模型刻画出两种基金的业绩—资金净流量关系的形态。

7.3.1.1 模型与变量

$$flow_{i,t} = \theta_0 + f(Rank(R_{i,t-1})) + x\theta + \varepsilon \qquad (7-3)$$

其中，$f(\cdot)$ 是不受限制的函数。$Rank(R_{i,t-1})$ 是基金业绩指标，为收益率的序数百分比，定义与计算见（5-8）式。θ 是系数向量，ε 是残差。

控制变量 x 与基金业绩之间既不完全相关也不是相互独立的，控制变量包括如下 6 个（用 x_k 代表，$k=1, 2, \cdots, 6$）。

（1）x_1 为基金规模——$LnTNA_{i,t-1}$

（2）x_2为基金年龄——$Age_{i,t}$

（3）x_3为基金投资风险——$Stdr_{i,t-1}$

（4）x_4为基金单位分红金额——$Dividen_{i,t}$

（5）x_5为分红次数——$Divtim_{i,t}$

（6）x_6为市场平均资金流量

仍然采用 Robinson（1988）提出的"双残差法"估计上述半参数模型。使用局部多项式回归作为非参数回归估计方法，计算以及制图使用统计软件 Stata12 编程实现，局部多项式回归利用其 Lpoly 命令进行，所选择核函数是 Epanechikov 核函数，由 Stata12 软件的 ROT Bandwidth Estimator 自动计算窗宽（bandwidth），所选择的局部多项式阶数为 1。

7.3.1.2 数据说明

本节研究所使用的数据，来源于锐思金融数据库（www.resset.cn）。以积极管理的开放式基金的季度资金流量数据为研究对象，样本期间为 2005 年 1 季度—2012 年 1 季度。根据基金公司所管理的全部基金净值之和的大小划分基金公司的类别：将净值规模最大的前三分之一的基金公司定义为大基金公司，净值规模最小的三分之一的基金公司定义为小基金公司。在我国基金实务中，属于同一基金公司的积极管理型基金可以看做是同一家族的。

由属于小基金公司的基金数据构成子样本 1，属于大基金公司的基金数据构成子样本 2，两个子样本的主要变量指标的统计描述见表 7.3：

表 7.3　　　　　　　不同基金家族规模样本主要变量描述

Variable		Obs	Mean	Std. Dev.	Min	Max
子样本 1（属于小基金公司）	$R_{i,t}$	934	0.082 435	0.158 161	−0.373 2	0.609 5
	stdrt	934	0.012 544	0.004 939	0.000 2	0.029 3
	age	934	10.907 24	5.980 667	3.255 556	31.577 78
	$flow_{i,t}$	934	0.000 33	0.509 788	−1.076 83	3.932 276
	$ManF_{i,t}$	934	7.717 123	0.985 811	4.452 187	8.895 63
	$LnTNA_{i,t-1}$	934	6.422 46	1.158 803	3.556 135	8.723 017

表7.3(续)

Variable		Obs	Mean	Std. Dev.	Min	Max
子样本2（属于大基金公司）	$R_{i,t}$	1 271	0. 004 565	0. 151 453	−0. 281 5	0. 549 9
	stdrt	1 271	0. 014 951	0. 005 053	0. 000 1	0. 039 5
	age	1 271	14. 655 14	7. 836 273	2. 9	39. 022 22
	$flow_{i,t}$	1 271	0. 002 745	0. 242 825	−0. 645 13	3. 798 441
	$ManF_{i,t}$	1 271	11. 080 46	0. 392 4	10. 505 07	12. 001 51
	$LnTNA_{i,t-1}$	1 271	8. 743 944	0. 987 829	4. 509 553	10. 708 26

7.3.2 检验结果与分析

图7.3显示了使用半参数模型（7-3）对两个子样本计算的结果。从图7.3可以看出，来自小基金家族的成员的FPR曲线明显要比大型基金家族成员的FPR曲线更陡峭，曲率更大。这表明来自投资者的资金流对小基金家族成员的业绩排名变化更为敏感。考虑到已有研究表明我国基金市场中的处置效应比较强，可以认为投资者对小基金家族成员的反应主要在于申购方面。这就与本节开始的推断一致：投资者的申购对小基金家族成员的业绩排名变化更敏感，其原因是对小基金家族成员而言，其业绩排名上升所降低的投资者的搜索（信息）成本的意义更大。

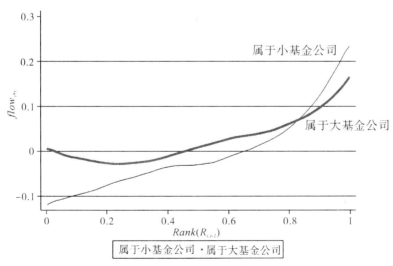

图 7.3　不同基金家族规模的 FPR

7.4 基金投资风格的影响

基金都会公开自己的投资风格，故投资风格是一个显著的易于为投资者所观察到的特征。不同投资风格的基金所吸引的投资者群体可能不同，不同的投资者群体的交易行为也就可能不同，有各自的特点。故不同投资风格的基金的FPR曲线也可能存在差异。

本节选择两种投资风格存在明显差别的基金进行分析：标准配制混合型和激进配制型。前者的投资风险较小，期望收益相对不高；后者投资风险较大，期望收益较高。故前者所吸引的是较为稳健的投资者，后者吸引的则是较为激进的投资者。稳健的投资者持有期较长，对基金短期业绩变化的反应较为谨慎，故主要吸引稳健投资者的基金的FPR曲线较为平缓。而激进投资者持有期较短，对基金短期业绩的变化也可能作出激烈的反应，故主要吸引激进投资者的基金的FPR曲线更为陡峭，斜率更大。

7.4.1 样本说明

本节所使用数据来源于锐思金融数据库（www.resset.cn）。该数据库对基金按投资风格进行了分类。本节分别选择投资风格为激进配置型和标准配置混合型两种基金作为研究样本。

本节使用的是季度非平衡面板数据，样本期为 2005 年 1 季度—2012 年 1 季度。所得样本的主要变量的统计性描述见表 7.4：

表 7.4　　　　两种投资风格基金样本的主要变量统计描述

	Variable	Obs	Mean	Std. Dev.	Min	Max
标准配置混合型	$R_{i,t}$	1 880	0.060 922	0.165 681	−0.198 1	0.608 7
	$Stdr_{i,t-1}$	1 880	0.013 596	0.004 825	0.005 9	0.035
	$Age_{i,t}$	1 880	16.936 82	8.903 926	3.744 444	38.133 33
	$flow_{i,t}$	1 880	−0.006 18	0.197 974	−0.779 36	1.539 941
	$LnTNA_{i,t-1}$	1 880	8.381 901	1.248 337	4.373 95	10.291 56

	Variable	Obs	Mean	Std. Dev.	Min	Max
激进配置型	$R_{i,t}$	710	0.065 618	0.180 668	−0.214 1	0.640 6
	$Stdr_{i,t-1}$	710	0.014 359	0.005 048	0.005 1	0.028 3
	$Age_{i,t}$	710	14.593 43	7.842 586	3.755 556	34.9
	$flow_{i,t}$	710	−0.002 56	0.233 796	−0.732 25	1.153 749
	$LnTNA_{i,t-1}$	710	7.749 456	1.615 485	4.542 634	10.493 72

7.4.2　检验方法说明

7.4.2.1　检验模型

本节使用同第5章的如下形式的半参数模型：

$$flow_{i,t} = \theta_0 + f(Rank(R_{i,t-1})) + x\theta + \varepsilon \qquad (7-4)$$

其中，$f(\cdot)$是不受限制的函数，$Rank(R_{i,t-1})$是进入方程的解释变量，为基金的序数业绩指标，其计算见（5-8）式。控制变量 x 与解释变量之间既不完全相关也不是相互独立的。θ 是系数向量，ε 是残差，仍然采用 Robinson（1988）提出的"双残差法"估计上述半参数模型。

7.4.2.2　控制变量说明

本书参考 Chevalier 和 Ellison（1997）、Sirri 和 Tufano（1998）、刘志远和姚颐（2005）、陆蓉等（2007）等相关研究，选择了如下 7 个控制变量（用 x_k 代表，$k = 1, 2, \cdots, 7$）。

（1）x_1 为基金规模——$LnTNA_{i,t-1}$

$LnTNA_{i,t-1}$ 是基金 i 在上期期末净资产的规模（以百万元为单位，取自然对数）。

（2）x_2 为基金年龄——$Age_{i,t}$

$Age_{i,t}$ 是基金年龄，定义为从基金 i 成立日到 t 期期初的时间（以季度为单位）。

（3）x_3 为基金投资风险——$Stdr_{i,t-1}$

$Stdr_{i,t-1}$ 是基金 i 在 $t-1$ 期收益率的标准差，用来衡量基金投资的风险。

（4）x_4 为基金单位分红金额——$Dividen_{i,t}$

$Dividen_{i,t}$ 是基金 i 在 t 期的单位分红金额。

（5）x_5 为分红次数——$Divtim_{i,t}$

$Divtim_{i,t}$ 是基金 i 在 t 期的分红次数。

（6）x_6为基金家族规模——$ManF_{i,t}$

$ManF_{i,t}$是基金 i 所属的基金家族 F 在 t 期期初资产净值之和（以百万元为单位，取自然对数）。

（7）x_7为市场平均资金流量

7.4.3 检验结果与分析

图 7.4 是使用半参数模型（7-4）对投资风格不同的基金构成的两个样本分别进行回归计算绘制的基金的业绩—资金净流量关系图。

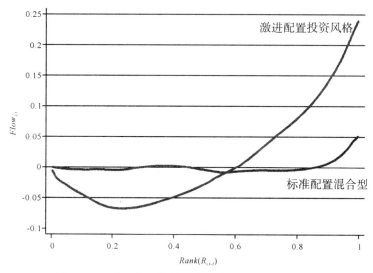

图 7.4 不同投资风格基金的业绩—资金净流量关系

从图 7.4 中可以很容易地看到，激进配置型投资风格基金的业绩—资金净流量曲线比标准配置混合型基金要陡峭、斜率更大。这表明激进配置型基金的投资者对基金业绩更敏感，当基金业绩排名上升时，投资者会大量增加申购，给基金带来超额的净资金流入。

7.5 小结

本章对基金的属性对 FPR 曲线形态的影响进行了研究。基金的一些属性，如基金的年龄、基金所属家族的规模等，会通过影响信息成本来影响投资者的行为，从而影响 FPR 曲线的形态。年轻基金和属于小基金家族的基金，其资金流量对业绩更为敏感，FPR 曲线更陡峭，非对称程度更高。

　　基金资产组合的流动性也会影响到 FPR 曲线的形态。其作用机制是：投资者的申购赎回交易，可以在一定条件下将基金资产流动性的成本转嫁到继续持有者或者老投资者，从而产生外部性问题。当投资者意识到这一点后，将会对基金资产流动性作出反应，从而影响 FPR 曲线形态。

　　不同投资风格的基金则会吸引不同的投资者群体。对于激进的投资风格的基金，风险与期望收益都高，主要吸引的是激进的投资者。激进的投资者对基金业绩比稳健的投资者更敏感，故激进投资风格基金的资金流量对业绩也比标准配置混合型基金更敏感，FPR 曲线更陡峭。

8. 基金业绩—资金流量关系与基金投资组合的风险配置

　　当基金业绩与资金流量之间的关系（FPR）呈非线性的时候，基金管理者的报酬与风险就是不对称的：基金业绩排名上升带来的资金流入远高于业绩排名下降所引起的资金流出，成为位列前茅的明星基金，可以获得超额的资金流入；而业绩排名下降，成为绩劣基金，投资者的资金流出并不会成比例地显著增加。在这样的风险与收益不对称的报酬机制下，基金管理者存在如下的动机：基金管理者将有意识地提高投资组合的风险水平，来寻求更高的业绩排名，以获得显著增加的资金流入；而即使投资组合风险增加的结果是基金业绩排名下降，投资者的资金流出也不会出现显著增加。

　　基金管理者的上述动机是否会付诸实施？对于业绩排名处于不同位置的基金，排名变化带来的资金流入增量也不相同，故其管理者改变基金投资组合风险的动机的强度也就不同。本章使用半参数模型，刻画出基金历史业绩排名—投资组合风险变化的关系，从而考察基金管理者是否确实由于前述动机而改变了基金投资组合的风险配置。

8.1　方法与模型说明

8.1.1　半参数模型

本书使用如下形式的半参数模型：

$$y = \theta_0 + f(z) + x\theta + \varepsilon \tag{8-1}$$

其中，$f(\cdot)$ 是不受限制的函数，z 是进入方程的解释变量。控制变量 x 与 z 之间既不完全相关也不是相互独立的。θ 是系数向量，ε 是残差。本书采用 Robinson（1988）提出的"双残差法"估计上述半参数模型。

8.1.2 变量说明

被解释变量是基金投资组合的风险在不同期间的变化。本章采用基金投资组合收益率的标准差 $\sigma_{i,t}$ 和贝塔系数 $\beta_{i,t}$ 度量基金 i 在 t 期的投资组合的风险。所以，被解释变量指标有两个，分别是 $\Delta\sigma_{i,t}=\sigma_{i,t}-\sigma_{i,t-1}$ 和 $\Delta\beta_{i,t}=\beta_{i,t}-\beta_{i,t-1}$。

解释变量是基金的历史业绩。本书采用序数回报率，计算方法是，在 $t-1$ 期样本中共有 n 只基金，$R_{i,t-1}$ 在 n 只基金的回报率中排名为 $rank(i)$（排名规则是最小的排第1），则序数回报率：

$$Rank(R_{i,t-1}) = \frac{rank(i)-1}{n-1} \tag{8-2}$$

控制变量是基金的资产规模，选用的指标是为基金 i 在本期期末净资产的规模 $LnTNA_{i,t}$（以百万元为单位，取自然对数）。

8.1.3 方法说明

本书使用局部多项式回归作为非参数回归估计方法。计算以及制图使用统计软件 Stata12 编程实现，局部多项式回归利用其 Lpoly 命令进行，所选择核函数是 Epanechikov 核函数，由 Stata12 软件的 ROT Bandwidth Estimator 自动计算窗宽（bandwidth），所选择的局部多项式阶数为 2。

8.2 样本说明

本章所使用数据来源于锐思金融数据库（www.resset.cn）。该数据库对基金按"基金类型""投资类型"和"投资风格"三个标准进行了分类。本书以积极管理的开放式基金为研究对象，按如下步骤筛选样本基金：①选择基金类型为开放式的全部基金；②删除投资类型为指数型、优化指数型、债券型和现金型的基金；③删除投资风格为保本型、偏债型的基金以及 QDII 基金。

本章使用的是半年度非平衡面板数据，最大截面成员基金 311 只，进入样本的基金至少有 2 期（1 年）的交易记录。样本期为 2005 年上半年—2013 年上半年，共 17 期；在样本中去掉 $Flow_{i,t}$ 值最大的 2.5% 与最小的 2.5% 的观测值。

8.3 实证结果与分析

图 8.1 是使用基金投资组合的标准差的变化量 $\Delta \sigma_{i,t}$ 为因变量，基金历史业绩排名 $Rank(R_{i,t-1})$ 为自变量，使用半参数模型（8–1）回归计算所得结果图。从图 8.1 可以看出，有两部分基金会显著增加投资组合的标准差：历史业绩排名最差的绩劣基金和历史业绩排名处于前 30% 左右的基金。这和图 5.1 显示的基金业绩—净资金流量之间的关系给基金管理者的激励一致：业绩排名最差部分的基金，其业绩排名即使再下降，由于存在显著的处置效应，投资者也不愿意退出，资金流出不会明显增加；对于业绩排名处于前 30% 左右的基金，如果其排名继续上升，达到名列前茅（前 20% 以内），由于存在着显著的明星效应，投资者的追逐会带来超额的资金流入。故这两部分基金具有最强的通过增加投资组合的风险，提升业绩排名以谋求获得显著增加资金流入的动机。对这些基金而言，即使业绩排名下降，投资者的资金流出也不会与排名上升所带来的资金流入成比例地显著增加。

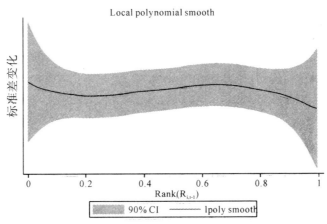

kernel = epanechnikov, degree = 2, bandwidth = .23, pwidth = .34

图 8.1　基金历史业绩排名—投资组合标准差变化关系

与此形成对比的是，历史业绩名列前茅的绩优基金，其投资组合风险的增量随着历史业绩排名增加而显著减少，这是因为对它们而言，业绩波动导致的排名下降将引起资金流出显著增加。

图 8.2 是使用基金投资组合的贝塔系数的变化量 $\Delta\beta_{i,t}$ 为因变量，基金历史

业绩排名 $Rank(R_{i,t-1})$ 为自变量，使用半参数模型（8-1）回归所得结果。所得关系形态与图 8.1 无实质性的差异，这也表明基金管理者为谋求更高的收益率排名，是有意识地改变投资组合的系统风险来实现的。

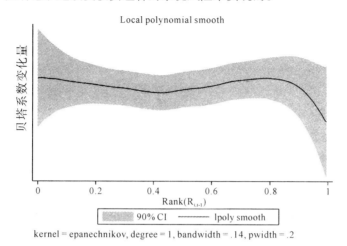

kernel = epanechnikov, degree = 1, bandwidth = .14, pwidth = .2

图 8.2　基金历史业绩排名—投资组合贝塔系数变化关系

8.4　小结

　　基金的历史业绩与来自投资者的资金净流量之间的关系（FPR），构成了对基金管理者的激励与约束机制。第 5 章的实证结果表明，基金的业绩与资金净流量之间呈非线性关系，故基金管理者面对的风险与报酬不对称，存在着增加投资组合的风险以谋求更高的业绩排名的动机。

　　本章使用半参数模型刻画出了基金的历史业绩排名与随后基金的投资组合的风险变化之间的关系。业绩排名接近前列的基金具有最强的通过增加投资组合的系统风险以成为明星的动机，基金历史业绩—基金投资组合的风险变化关系显示，这部分基金确实会比其他基金更大幅度地增加投资组合的风险。历史业绩排名最差的基金也有较强的前述动机，也确实因此会大幅度增加投资组合的风险。

　　显然，理性的基金管理者会利用 FPR 的非对称性来牟利，而他们的这一类交易行为却是无效率的，既不利于基金投资者也不利于资本市场的稳定。

9. 结论与建议

9.1 相关结论

基金的历史业绩是投资者进行选择时的重要依据。开放式基金的历史业绩与来自投资者的资金净流量之间的关系的理想形态是线性正相关。此时，基金的业绩与资金净流量之间的关系（FPR）所构成的对基金管理者而言的隐形激励与约束机制也将是有效的。但即使是在市场无摩擦、投资者理性假设条件下的理想市场中，FPR 也不是线性的。而市场摩擦和投资者非理性心理也会影响 FPR 及其形态。它们对基金的业绩与资金流量之间关系的影响力大小和方向不一，影响力的大小与市场的一些特征相关，包括投资者结构（机构与个人投资者比例、短期投资者的比例、新投资者占全部投资者的比重等）、市场的发育成熟程度等。

处置效应是普遍存在于个人投资者交易行为中的一个现象。在开放式基金的交易中，处置效应表现为投资者偏好赎回业绩优秀的基金品种而不愿意从业绩不佳的基金中退出。一些理论分析认为投资者持有期长、参与度低等特点，使得基金市场中的处置效应弱于股票等市场。国外成熟市场中的长期投资者多，而且税收等制度也会促使基金投资者长期持有，相关实证研究发现投资者一般不愿意从业绩不佳的基金中退出，但是未发现基金投资者偏好赎回业绩优秀的基金品种。我国基金市场历史短、不成熟，现行税收制度也未能鼓励在市场中占主导地位的个人投资者长期持有，投资者的持有期限普遍很短，存在着较强的处置效应。本书使用半参数模型刻画出的基金业绩—资金流出关系的形态以及建立分段线性回归模型的实证结果均表明：总体上我国基金投资者在交易中表现出了明显的偏好赎回业绩优秀的基金品种的倾向；但是机构投资者中的处置效应较弱，没有表现出明显的偏好赎回业绩好的基金品种的倾向。

投资者的搜索成本和要求的预期回报率等参与成本，会显著影响投资者的申购行为。基金的历史业绩名列前茅，可以降低投资者的搜索成本以及能超过更多的投资者要求的预期回报率。故投资者申购基金时，会表现出"追逐业绩"的现象，名列前茅的明星基金可获得超额的资金流入。搜索成本等市场摩擦因素对基金业绩与资金流入之间关系的影响，跟新投资者占全部投资者的比重有关，以及机构投资者与个人投资者之间的比例相关。新投资者越多，参与效应越大，名列前茅的基金越能获得更多的申购。个人投资者信息搜索处理能力弱，搜索成本对他们的申购决策影响大。故市场中个人投资者占比越高，"追逐业绩"现象越显著。本书使用半参数模型刻画出的基金业绩—资金流入关系形态以及使用分段线性回归模型的检验结果表明，我国基金投资者申购时确实会"追逐业绩"，存在着显著的明星效应。这是与我国基金市场的投资者结构一致的。

从市场总体来看，我国基金投资者在申购时表现为"追逐业绩"；在赎回时则偏好赎回业绩优秀的基金品种，即"反向选择"。对各基金而言，资金流入对业绩排名的敏感程度远高于资金流出对业绩排名的敏感程度。本书认为其主要原因是我国基金市场是超常规发展起来的，投资者规模高速膨胀，致使新投资的比例非常高。故基金业绩排名上升，仍然可以为其带来资金净流量的增加，尤其是成为业绩超群的明星基金，可以获得超额的资金净流入。在我国开放式基金市场中，基金的业绩与资金净流量之间的关系为正相关，并呈现非线性（不对称，见图 5.1）。FPR 这一不对称的形态可引发委托代理问题，扭曲基金管理者的投资行为，使得基金份额开放制度构成的隐形激励与约束机制失效。其原因是，不对称的 FPR 关系形态，对基金管理者构成了风险与收益不对称的报酬机制，使得基金管理者有了为获得更高的业绩排名而使其投资组合承担过度风险的动机。本书的实证研究显示，基金投资组合的风险配置变化与基金历史业绩排名之间关系的形态，是与基金管理者的前述动机强度一致的，表明在前述动机的驱使下基金管理者确实采取了行动。例如对于业绩排名接近于前列的基金，其业绩排名上升可以带来超额的资金净流入的增加，而排名下降引起的资金流出并不成比例，故基金管理者会在随后的交易中显著增加投资组合的风险。基金管理者这样的行为不仅不利于基金投资者，还会影响资本市场稳定。

我国基金市场是在监管部门大力扶持下超常规地发展起来的，在投资者结构、市场结构、基金业绩表现等方面都因此有着自己的特点。我国基金市场尽管存在着较强的处置效应，基金的业绩与资金净流量之间的关系仍然是正相关并呈现出非对称性，主要原因正在于此。

基金的年龄、基金投资组合的流动性、基金所属基金家族的规模以及基金的投资风格等基金属性亦会影响基金的业绩与资金流量之间关系的形态。年轻基金缺少业绩纪录，故投资者对其近期的业绩更敏感，其 FPR 曲线更为陡峭，不对称性更显著。基金资产流动性越差，投资者越易于通过频繁的申购或者赎回交易转嫁流动性成本来牟利，故基金资产的流动性越低，来自投资者的资金流量对其业绩越敏感，FPR 不对称程度越高。由于属于小基金家族的基金的搜索成本较高，来自投资者的资金流量对其业绩更敏感，其 FPR 的不对称性更显著。不同投资风格的基金吸引着不同的投资者群体。激进型投资风格的基金吸引的是积极的投资者，与其他类型的基金相比，其 FPR 的不对称性更显著。

本书的研究结果还表明，流传甚广的我国基金市场中的基金业绩—资金净流量负相关的"赎回异象"并不存在，也就不存在 FPR 会对基金管理者形成负激励的问题。

9.2 政策建议

基于前述研究的结论，本书提出以下建议：

1. 改善监管

对我国基金市场的监管者而言，不仅应该重视对基金管理者的高风险交易行为的监管，而且应该研究从制度设计上来减弱、消除基金管理者的因为追求业绩排名而使投资组合承担过度风险的动机。

个人投资者占据着基金市场的主导地位，受专业知识、资金实力和时间限制等因素的影响，他们中多数人并不能理解复杂的风险调整后的业绩指标，比如詹森 α、Fama-French 三因子模型调整后的收益率等，也难以获得这些指标。相反，他们可以在大众媒体上方便地免费获取根据原始收益率进行的基金业绩排名。广泛传播的大众媒体提供的此类业绩排名虽然降低了投资者的搜索成本，却在引起投资者追逐业绩的同时还易使他们忽视风险。故监管者首先应该考虑对大众媒体发布基金业绩排名进行干预，并加强投资者教育，引导投资者关注基金投资组合的风险，而不仅仅是看其简单的历史收益率。

其次，应该研究如何减弱基金管理者过度追求规模的动机。一个值得考虑的办法是改变管理费按照资产规模的固定比例计提的方法，将管理费的计提比例与考虑了风险的业绩指标挂钩，并随着业绩上升而增加。

再次，适当控制基金数量的增长。这不仅可以避免基金之间的过度竞争，还可降低投资者的搜索成本，减弱明星效应。

再其次，应该采取措施减弱或者抑制投资者中存在的处置效应。税收是一个有效的工具，应该开始对个人投资者申购赎回基金份额实现的利润征收所得税。这样可鼓励投资者长期持有，减弱处置效应。

最后，监管层应该大力加强市场基础建设，稳定基金业绩，开放养老金进入基金市场。这些政策措施对基金市场的成熟进程和发展至关重要。

2. 对基金管理公司的建议

面对我国投资者持有期短、处置效应强、偏好赎回业绩优秀的基金品种这一情况，基金管理公司可以考虑的对策有：积极开发各种长期投资者，特别是出于养老目的的投资者以及机构等理性的长期投资者，完善投资者结构；设置短期赎回费率以抑制处置效应；加强对投资者的教育与培训，培育其长期投资理念。

基金公司应该努力改善治理结构与治理水平，完善信息披露机制。一方面要加强投资者利益保护；另一方面要增加信息披露的频率，建立多层次的业绩评价指标体系，及时向投资者传递评价结果。

针对年轻基金的资金流量对业绩的敏感程度远高于老基金这一情况，基金管理公司应该选择有着较长历史业绩表现的资深经理来管理新成立的年轻基金。基金经理在确定资产组合的流动性时，应该考虑到投资风格与资金流量之间关系的特点。激进投资风格的基金，资金流量对业绩更敏感，就应该有更多的现金资产储备。

此外，基金管理者应该建立长期投资理念，减少投资组合换手率。从前面对绩优基金的投资组合特征的分析也可知道，基金不应该通过增加投资的系统风险来追求业绩。基金最重要的价值并非为投资者带来超额收益，而是为投资者节约学习、操作以及时间等成本，减少犯错误的概率，追求长期的收益。

9.3　进一步研究的方向

目前，投资者的非理性心理对基金的业绩与资金流量之间关系的影响尚无比较成功的理论模型，相关实证研究也多是基于总体交易数据的推断，很少有来自直接对投资者账户个体水平的交易数据的分析，也很少有对投资者进行问卷调查的研究。上述问题值得进一步研究。

随着我国基金市场发育成熟，基金的业绩与资金流量之间的关系形态可能会有相应的变化，尤其是基金的业绩与资金流出之间的关系。基金市场的发展与 FPR 形态的变化，也是值得进一步研究的课题。

基金管理者对由非线性的 FPR 引致的风险与收益不对称的报酬机制的反应，是非常值得进行更全面、深入研究的内容。本研究限于数据的可得性，仅对基金历史业绩与投资组合的风险调整关系进行了简单的检验。进一步的研究，可以对基金投资组合调整内容进行更细的划分和考察，研究如何更准确地衡量基金管理者令资产组合过度承担风险的动机的强弱，以更有效地确定投资组合的风险调整与 FPR 非对称之间的联系。

参考文献

[1] 艾伦，盖尔. 理解金融危机 [J]. 新华文摘，2010，4：140-145.

[2] 冯金余. 开放式基金赎回与业绩的内生性——基于中国动态面板数据的分析 [J]. 证券市场导报，2009 (3)：28-34.

[3] 冯金余. 开放式基金业绩与投资者的选择——基于中国动态面板数据对申购、赎回的分析 [J]. 商业经济与管理，2009，5：72-80.

[4] 冯金余. 中国开放式基金投资管理效率研究 [J]. 证券市场导报，2010 (2)：042-049.

[5] 何佳，何基报，王霞，翟伟丽. 机构投资者一定能稳定股市吗？ [J]. 管理世界，2007 (8)：21-29.

[6] 何晓群，郝燕梅. 开放式基会业绩持续性检测的实证研究 [J]. 经济理论与经济管理，2008，5：46-50.

[7] 胡金焱，冯金余. 相对绩效与开放式基金投资者流动 [C] // "第六届中国金融学年会"会议论文，2009.

[8] 胡畏，聂曙光，张明. 中国证券投资基金业绩的中短期持续性 [J]. 系统工程，2004，4：44-48.

[9] 解学成，张龙斌. 基金持有人赎回行为研究 [J]. 证券市场导报，2009 (9)：1-9.

[10] 李德辉，方兆本，余雁. 扫描统计量——检测基金业绩持续性的新方法 [J]. 运筹与管理，2006，2：82-871.

[11] 李德辉，方兆本. 证券投资基金业绩持续性研究综述 [J]. 证券市场导报，2005 (8)：38-43.

[12] 李昆. 封闭式基金业绩持续性研究 [J]. 商业研究，2005，18：83-86.

[13] 李敏. 封闭式基金业绩持续性的统计分析 [J]. 财经问题研究，2008，12：123-127.

［14］黎实，雷良桃. 开放式基金赎回困惑的 Panel-Data Granger 因果关系检验［J］. 南方经济，2007（9）：60-69.

［15］李宪立，吴光伟，唐衍伟. 多期基金业绩持续性评价新模型及实证研究［J］. 哈尔滨工业大学学报，2007，39（10）：1673-1676.

［16］李学峰，陈曦，茅勇峰. 我国开放式基金业绩持续性及其影响因素研究［J］. 当代经济管理，2007，29（6）：97-102.

［17］李曜. 从行为金融学看基金的赎回现象、分红及基金经理选［C］//南京大学 2003 年行为金融学国际研讨会入选论文，2003.

［18］李曜，于进杰. 开放式基金赎回机制的外部效应［J］. 财经研究，2004，30（12）：111-121.

［19］李子奈，叶阿忠. 高等计量经济学［M］. 北京：清华大学出版社，2000.

［20］林树，汤震宇，李翔，潘哲盛. 基金投资者的行为方式及其合理性——基于我国证券基金市场的经验证据［J］. 证券市场导报，2009（8）：23-28.

［21］刘志远，姚颐. 开放式基金的"赎回困惑"现象研究［J］. 证券市场导报，2005（2）：37-42.

［22］刘建和，韦凯升. 封闭式基金的业绩持续性检验［J］. 商业研究，2007，2：129-132.

［23］刘建和，郭清亮，基于波动率的开放式基金业绩持续性检验［J］. 商业研究，2008，2：184-187.

［24］刘翔. 我国基金业绩持续性研究——对基金市场有效性的启示［J］. 北京机械工业学院学报，2008，12（23）：65-70.

［25］刘永利，薛强军. 货币市场基金申购赎回的实证研究［J］. 数理统计与管理，2007，6（26）：1111-1117.

［26］陆蓉，陈百助，徐龙炳，谢新厚. 基金业绩与投资者的选择——中国开放式基金赎回异常现象的研究［J］. 经济研究，2007，6：39-50.

［27］倪苏云，肖辉，吴冲锋. 中国证券投资基金业绩持续性研究［J］. 预测，2002，6：41-44.

［28］任淮秀，汪涛. 我国开放式基金赎回行为的实证分析［J］. 经济理论与经济管理，2007，6：42-47.

［29］任杰，陈权宝. 中国开放式基金业绩持续性实证研究［J］. 浙江金融，2007（11）：1-2.

［30］时希杰，吴育华，李亚瑞．基于业绩持续性的证券投资基金聚类与实证研究［J］．数理统计与管理，2005，7：66-117.

［31］宋文光，宫颖华．基于多元回归方法的基金业绩持续性影响因素分析［J］．统计与决策，2009，1：127-128.

［32］束景虹．开放式基金赎回的实证研究［J］．数量经济技术经济研究，2005，4：117-126.

［33］肖峻，石劲．基金业绩与资金流量：我国基金市场存在"赎回异象"吗？［J］．经济研究，2011，1：112-125.

［34］王思为．对开放式基金业绩持续性的实证研究［J］．武汉金融，2007，9：19-52.

［35］王向阳，袁定．开放式基金业绩持续性的实证研究［J］．财经论坛，2006，1（205）：137-138.

［36］吴启芳，陈收，雷辉．基金业绩持续性的回归实证［J］．系统工程，2003，21（1）：33-37.

［37］吴启芳，汪寿阳，黎建强．中国证券投资基金业绩的持续性检验［J］．管理评论，2003（11）：23-28.

［38］吴遵，陶震安，王巧玲．证券投资基金业绩的持续性之综述［J］．技术经济与管理研究，2007，3：33-35.

［39］肖奎喜，杨义群．我国开放式基金业绩持续性的实证检验［J］．财贸研究，2005，2：55-59.

［40］肖燕飞，宁光荣．我国证券投资基金业绩的持续性研究［J］．湖南财经高等专科学校学报，2005，8（21）：32-34.

［41］徐琼，赵旭．封闭式基金业绩持续性实证研究［J］．金融研究．2006，5：92-97.

［42］薛泽庆，张冬，我国开放式基金业绩持续性影响因素探析［J］．金融理论与实践，2009，9：85-88.

［43］杨华蔚．开放式基金业绩与VaR风险持续性比较研究［J］．价格月刊，2008，9：71-73.

［44］张建江，周长鸣．开放式基金赎回问题的再研究［J］．工业技术经济，2009，1：154-157.

［45］张晓斐，曹胜，黄欢．开放式基金业绩持续性与投资者选择（博士生论坛征文）（2011-04-30）［2011-08-06］．CFRN工作论文 CFRN：http：//www.cfrn.com.cn/getPaper.do? id=3112.

[46] 赵楠, 李维林. 我国开放式基金赎回问题的实证研究 [J]. 济南金融, 2006 (9): 53-57.

[47] 中国证券业协会. 基金投资者情况调查分析报告 (2010 年) [EB/OL]. http://www. sac. net. cn/newcn/home/info _ detail. jsp? info _ id = 1321345090100&info_type=CMS.STD&cate_id=1197861104100.

[48] 赵旭, 吴冲锋. 开放式基金流动性赎回风险实证分析与评价 [J]. 运筹与管理. 2003, 12 (6): 1-6.

[49] 周泽炯, 我国开放式基金业绩持续性的实证分析 [J]. 经济问题探索, 2004 (9): 19-27.

[50] 朱宏泉, 马晓维, 李亚静, 等. 基金投资者投资行为影响因素研究 [J]. 管理评论, 2009, 10: 86-94.

[51] 庄云志, 唐旭. 基金业绩持续性的实证研究 [J]. 金融研究, 2004 (5): 20-27.

[52] 汪慧建, 张兵, 周安宁. 中国开放式基金赎回异象的实证研究 [J]. 南方经济, 2007, 8: 65-73.

[53] Akerlof, G. The Market for Lemons: Quality Uncertainty and the Market Mechanism [J]. Quarterly Journal of Economics, 1970, 89: 488-500.

[54] Andreassen, Paul. On the Social Psychology of the Stock Market: Aggregate Attributional Effects and the Regressiveness of Prediction [J]. Journal of Personality and Social Psychology, 1987, 53: 490-496.

[55] Ahn, Seung and Peter Schmidt. Efficient Estimation of Models for Dynamic Panel Data [J]. Journal of Econometrics, 1995, 68: 5-28.

[56] Arellano, Manuel and Stephen R. Bond. Some Tests of Specification for Panel Data: Monte-Carlo Evidence and an Application to Employment Equations [J]. Review of Economic Studies, 1991, 38: 277-297.

[57] Arellano, Manuel and Olympia Bover. Another Look at Instrumental-Variable Estimation of Error-Components Models [J]. Journal of Econometrics, 1995, 68: 29-52.

[58] Bala, V. and Goyal, S. Learning from Neighbors [J]. Review of Economic Studies, 1998, 65: 595-621.

[59] Barber, Brad M., Terrance Odean, and Lu Zheng. Out of Sight, Out of Mind: The Effects of Expenses on Mutual Fund Flows [J]. Journal of Business, 2005, 78: 2095-2120.

[60] Barber, Brad, and Terrance Odean. Trading Is Hazardous to Your Wealth: The Common Stock Performance of Individual Investors [J]. Journal of Finance, 2000, 55: 773-806.

[61] Barberis, Nicholas, and Ming Huang. Stocks as Lotteries: The Implications of Probability Weighting for Security Prices [J]. American Economic Review, 2008, 98: 2066-2100.

[62] Barberis, Nicholas, and Wei Xiong. What Drives the Disposition Effect? An Analysis of a Longstanding Preference-based Explanation [R]. NBER Working paper, 2006: 12397.

[63] Barberis, Nicholas, and Wei Xiong. Realization Utility [R]. Working paper, Yale University, 2008.

[64] Barclay, Michael J., Neal D. Pearson, and Michael S. Weisbach. Open-End Mutual Funds and Capital-Gains Taxes [J]. Journal of Financial Economics, 1998, 49: 3-43.

[65] Baltagi, Badi H. Econometric Analysis of Panel Data [M]. New York: John Wiley and Sons, 2001.

[66] Baumöl, William J., et al., The Economics of Mutual Fund Markets: Competition Versus Regulation [M]. Boston: Kluwer Academic, 1990.

[67] Brown, Keith, Van Harlow, and Laura Starks. Of Tournaments and Temptations: Ananalysis of Managerial Incentives in the Mutual Fund Industry [J]. Journal of Finance, 1996: 85-110.

[68] Busse, Jeffery A. Another Look at Mutual Fund Tournaments [J]. Journal of Financial and Quantitative Analysis, 2001, 36: 53-73.

[69] Brown, Stephen, and William Goetzmann. Attrition and Mutual Fund Performance [J]. Journal of Finance, 1995, 50: 679-698.

[70] Bergstresser, Daniel and James Potterba. Do After-tax Returns Affect Mutual Fund Inflows? [J]. Journal of Financial Economics, 2002, 63: 381-414.

[71] Berk, Jonathan B. and Richard C. Green. Mutual Fund Flows and Performance in Rational Markets [J]. Journal of Political Economy, 2004, 24: 1269-1295.

[72] Bennett, A., Martin Young. Determinants of Mutual Fund Flows: Evidence from New Zealand [R]. PAC/AP/ FMA Meeting, 2000.

[73] Blake, C., and M. R. Morey. Morningstar Ratings and Mutual Fund Per-

formance [J]. Journal of Financial and Quantitative Analysis, 2000, 35 (3): 451 −481.

[74] Boyer, B., and L. Zheng. Who Moves the Market? − A Study of Stock Prices and Sector Cashflows [J]. Working paper, University of Michigan Business School, 2002.

[75] Carhart, Mark M. On Persistence in Mutual Fund Performance [J]. Journal of Finance, 1997, 52: 57−82.

[76] Capon, Noel, Gavan J. Fitzsimons, and Russ Alan Prince. An Individual Level Analysis of the Mutual Fund Investment Decision [J]. Journal of Financial Services Research, 1996, 10: 59−82.

[77] Cashman, George D., Daniel N. Deli, Federico Nardari and Sriram V. Villupuram. Understanding the Non-linear Relation Between Mutual Fund Performance and Flows [R]. Working paper, Arizona State University, 2008.

[78] Chalmers, John M. R, Roger M. Edelen and Gregory B. Kadlec. On the Perils of Financial Intermediaries Setting Securities Prices: The Mutual Fund Wild Card Option [J]. The Journal of Finance, 2001, 56: 2209−2236.

[79] Chen Q, Itay Goldstein and W. Jiang. Payoff Complementarities and Financial Fragility: Evidence from Mutual Fund Outflows [J]. Journal of Financial Economics, 2010, 97: 239−262.

[80] Chen, Hsiu-lang, and George G. Pennacchi. Does Prior Performance Affect a Mutual Fund's Choice of Risk? Theory and Further Empirical Evidence [R]. Working paper, University of Illinois at Urbana-Champaign, 2002.

[81] Chen, Yong, Wayne Ferson and Helen Peters. Measuring the Timing Ability of Fixed Income Mutual Funds [R]. Working paper, Boston College, 2006.

[82] Cremers, Martijn, and Antti Petajisto. How Active Is Your Fund Manager? A New Measure that Predicts Performance [J]. Review of Financial Studies, 2009, 22: 3329−3365.

[83] Cuthbertson, Keith, Dirk Nitzche, and Niall O' Sullivan. UK Mutual Fund Performance: Skill or Luck? [J]. Journal of Empirical Finance, 2008, 15: 613−634.

[84] Chevalier, Judith and Glenn Ellison. Risk Taking by Mutual Funds as a Response to Incentives [J]. Journal of Political Economy, 1997, 105: 1167−1200.

[85] Christoffersen, Susan, Richard Evans, and David Musto. The Economics

of Mutual Fund Brokerage: Evidence from the Cross-section of Investment Channels [R]. Working paper, McGill University, 2005.

[86] Davidson, R., and J. G. MacKinnon. Estimation and Inference in Econometrics [M]. Oxford: Oxford University Press, 1993.

[87] DelGuercio, Diane, and Paula A. Tkac. The Determinants of the Flow of Funds of Managed Portfolios: Mutual Funds versus Pension Funds [J]. Journal of Financial and Quantitative Analysis, 2002, 37: 523-558.

[88] Del Guercio, Diane, and Paula A. Tkac. Star Power: The Effect of Morningstar Ratings on Mutual Fund Flows [R]. Working paper, University of Oregon, 2002b.

[89] Del Guercio, D., and P. A. Tkac. Star Power: The Effect of Morningstar Ratings on Mutual Fund Flows [R]. Working paper, Federal Reserve Bank of Atlanta, 2002.

[90] DeSantis Giorgio and B. Gerard. How Big Is the Risk Premium for Currency Risk [J]. Journal of Financial Economics, 1998, 49: 375-412.

[91] Ding, Bill and Russell Wermers. Mutual Fund Performance and Governance Structure: The Role of Portfolio Managers and Boards of Directors [R]. Working paper, University of Maryland, 2005.

[92] Dumas Bernard and Bruno Solnik. The World Price of Foreign Exchange Risk [J]. Journal of Finance, 1995, 2: 445-479.

[93] Dunn, D., and T. Wilson. When the Stakes are High – A Limit to the Illusion-of-Control Effect [J]. Social Cognition, 1990, 8: 305-323.

[94] Dybvig, Philip H., Heber K. Farnsworth, and Jennifer N. Carpenter. Portfolio Performance and Agency [R]. Working paper, New York University, 2003.

[95] Edelen, Roger. Investor Flows and the Assessed Performance of Open-End Mutual Funds [J]. Journal of Financial Economics, 1999, 53: 439-466.

[96] Fama, Eugene F., and James D. MacBeth. Risk, Return and Equilibrium: Empirical Tests [J]. Journal of Political Economy, 1973, 81: 607-636.

[97] Fama, Eugene F., and Kenneth R. French. Common Risk Factors in the Returns on Stocks and Bonds [J]. Journal of Financial Economics, 1993, 33: 3-56.

[98] Fant, Franklin and Edward O' Neal. Temporal Changes in the Determi-

nants of Mutual Fund Flows [J]. Journal of Financial Research, 2000, 23: 353-371.

[99] Feng, Lei and Mark Seasholes. Do Investor Sophistication and Trading Experience Eliminate Behavioral Biases in Financial Markets [J]. Review of Finance, 2005, 9 (3): 305-352.

[100] Gneezy, Uri, Arie Kapteyn, and Jan Potters. Evaluation Periods and Asset Prices in a Market Experiment [J]. Journal of Finance, 2003, 58: 821-837.

[101] Gneezy, Uri, and Jan Potters. An Experiment on Risk Taking and Evaluation Periods [J]. Quarterly Journal of Economics, 1997, 112: 631-645.

[102] Goetzmann, W. N., and Nadav Peles. Cognitive Dissonance and Mutual Fund Investors [J]. Journal of Financial Research, 1997, 20: 145-158.

[103] Greene, Jason. and C. Hodges. The Dilution Impact of Daily Fund Flows on Open-end Mutual Funds [J]. Journal of Financial Economics, 2002, 65: 131-158.

[104] Grinblatt, Mark, and Sheridan Titman. Adverse Risk Incentives and the Design of Performance-based Contracts [J]. Management Science, 1989, 35: 807-822.

[105] Grinblatt, Mark, and Sheridan Titman. Performance Persistence in Mutual Funds [J]. Journal of Finance, 1993, 47: 1977-1984.

[106] Gruber, Martin J. Another Puzzle: The Growth in Actively Managed Mutual Funds [J]. Journal of Finance, 1996, 51: 783-810.

[107] Goriaev, Alexei, Theo E. Nijman, and Bas J. M. Werker. Yet Another Look at Mutual Fund Tournaments [J]. Journal of Empirical Finance, 2005, 12: 127-137.

[108] Graham, John, Michael Lemmon, and James Schallheim. Debt, Leases, Taxes and the Endogeneity of Corporate Tax Status [J]. Journal of Finance, 1998, 53: 131-162.

[109] Greene, William H. Econometric Analysis [M]. Prentice Hall, New Jersey, 2002.

[110] Han, Aaron and Jerry Hausman. Flexible Parametric Estimation of Duration and Competing Risk Models [J]. Journal of Applied Econometrics, 1990, 5: 1-28.

[111] Hatfield, E., Cacioppo, J. L. & Rapson, R. L. Emotional Contagion

[J]. Current Directions in Psychological Sciences, 1993, 2: 96-99.

[112] Huang, Jennifer, Kelsey D. Wei and Hong Yan. Participation Costs and the Sensitivity of Fund Flows to Past Performance [J]. Journal of Finance, 2007, 62: 1273-1311.

[113] Ippolito, Richard A. Consumer Reaction to Measures of Poor Quality: Evidence from the Mutual Fund Industry [J]. Journal of Law and Economics, 1992, 35: 45-70.

[114] Isen, A., and N. Geva. The Role of Potential Loss in the Influence of Affect on Risk-Taking Behavior, Organizational Behavior Human Decision Processes, 1987, 42: 181-193.

[115] Ivkovich, Zoran and Weisbenner, Scott J. 'Old' Money Matters: The Sensitivity of Mutual Fund Redemption Decisions to Past Performance [R]. EFA Zurich Meetings Paper, 2006.

[116] Ivkovich, Zoran and Weisbenner, Scott J. Explaining Individual Investors' Motivations for Trade: Evidence from Brokerage Accounts and Survey Data [R]. Working Paper, 2006.

[117] Johnson, Woodrow T. Predictable Investment Horizons and Wealth Transfers Among Mutual Fund Shareholders [J]. Journal of Finance, 2004, 59: 1979-2012.

[118] Johnson, Woodrow T. Who Monitors the Mutual Fund Manager, New or Old Shareholders? [R]. Working paper, University of Oregon, 2006.

[119] Kelly, Morgan, and Cormac O Grada. Market Contagion: Evidence from the Panics of 1854 and 1857 [J]. American Economic Review, 2000, 90 (5): 1110-1124.

[120] Koski, Jennifer Lynch and Jeffrey Pontiff. How are Derivatives Used? Evidence from the Mutual Fund Industry [J]. Journal of Finance, 1999, 54: 791-816.

[121] Kosowski, Robert, Allan Timmermann, Russ Wermers, and Hal White. Can Mutual Fund "Stars" Really Pick Stocks? New Evidence from a Bootstrap Analysis [J]. Journal of Finance, 2006, 61: 2551-2595.

[122] Khorana, Ajay, and Henri Servaes. Conflicts of Interest and Competition in the Mutual Fund Industry [R]. Working paper, London Business School, 2004.

[123] Langer, E. The Illusion of Control [J]. Journal of Personality and Social

Psychology, 1975, 32: 311-328.

[124] Lakonishok, Joesph, Andrei Shleifer, and Robert Vishny. The Structure and Performance of the Money Management Industry [J]. Brookings Papers: Microeconomics, 1992: 339-379.

[125] Lynch, Anthony W., and David K. Musto. How Investors Interpret Past Fund Returns [J]. Journal of Finance, 2003, 58: 2033-2058.

[126] Matos, Gaspar, and Massa. Favoritism in Mutual Fund Families? Evidence on Strategic Cross-Fund Subsidization [J]. Journal of Finance, 2006, 61: 73-104.

[127] Malkiel, Burton G. Returns from Investing in Equity Mutual Funds: 1971-1991 [J]. Journal of Finance, 1995, 50: 549-572.

[128] Massa, Massimo. How Do Family Strategies Affect Fund Performance? When Performance-Maximization Is Not the Only Game in Town [J]. Journal of Financial Economics, 2002, 67 (2), 249-304.

[129] Meyer, Bruce. Unemployment Insurance and Unemployment Spells [J]. Econometrica, 1990, 58 (4): 757-782.

[130] Nicholas, Barberis and W. Xiong. What Drives the Disposition Effect? An Analysis of a Long-Standing Preference-Based Explanation [J]. Journal of Finance, 2009, 64: 751-784.

[131] Nanda, Vikram, Z. Jay Wang, and Lu Zheng. Family Values and the Star Phenomenon: Strategies of Mutual Fund Families [J]. Review of Financial Studies, 2004, 17: 667-698.

[132] Odean, Terrance. Are Investors Reluctant to Realize Their Losses? [J]. Journal of Finance, 1998, 53: 1775-1798.

[133] Odean, Terrance. Do Investors Trade Too Much? [J]. American Economic Review, 1999, 89: 1279-1298.

[134] O'Neal, Edward. How Many Mutual Funds Constitute a Diversified Mutual Fund Portfolio? [J]. Financial Analysts Journal, 1997, 53: 37-46.

[135] O'Neal, Edward. Purchase and Redemption Patterns of US Equity Mutual Funds [J]. Financial Management, 2004, Spring: 63-90.

[136] Patel, Jay, Richard Zeckhauser, and Darryl Hendricks. The Rationality Struggle: Illustrations from Financial Markets [J]. American Economic Review, 1991, 81: 232-236.

[137] Patel, J., R. J. Zeckhauser, and D. Hendricks. Investment Flows and Performance: Evidence from Mutual Funds, Cross-Border Investments, and New Issues, in R. Satl, R. Levitch, and R. Ramachandran (eds.) Japan, Europe and the International Financial Markets: Analytical and Empirical Perspectives [M]. New York: Cambridge University Press, 1994.

[138] Petersen, Mitchell A. Estimating Standard Errors in Finance Panel Data Sets: Comparing Approaches [R]. Working paper, Northwestern University, 2006.

[139] Pontiff, Jeffery. Costly Arbitrage: Evidence from Closed-End Funds [J]. The Quarterly Journal of Economics, 1996, 111: 1135-1151.

[140] Rogers, William. Regression Standard Errors in Clustered Samples [R]. Stata Technical Bulletin, 1993, 13: 19-23.

[141] Nanda, Vikram, Zhi Wang, and Lu Zheng. The ABCs of Mutual Funds: A Natural Experiment on Fund Flows and Performance [R]. Working paper, University of Michigan, 2004a.

[142] Newey, Whitney K., and Kenneth D. West. A Simple, Positive Semi-definite Heteroskedasticity and Autocorrelation Consistent Covariance Matrix [J]. Econometrica, 1987, 55: 703-708.

[143] Reid, Brian K., and John D. Rea. Mutual Fund Distribution Channels and Distribution Costs [J]. Perspectives 9, Investment Company Institute, 2003.

[144] Ross, Stephen A. Compensation, Incentives, and the Duality of Risk Aversion and Riskiness [J]. Journal of Finance, 2004, 59: 207-225.

[145] Robinson M. Root-N-Consistent Semiparametric Regression [J]. Econometrica, 1988, 56: 931-954.

[146] Santini, D. L, J. W Aber. Determinants of Net New Money Flows to the Equity Mutual Fund Industry [J]. Journal of Economics and Business, 1988, 50: 419-4291.

[147] Sharpe, William F. The Arithmetic of Active Management [J]. Financial Analysts Journal, 1991, 47, January/February: 7-9.

[148] Shefrin, Hersh, and Meir Statman. The Disposition to Sell Winners Too early and Ride Losers Too Long [J]. Journal of Finance, 1985, 40: 777-790.

[149] Sensoy, Berk A. Incentives and Mutual Fund Benchmarks [R]. Working paper, University of Chicago, 2006.

[150] Sirri, Erik and Peter Tufano. Costly Search and Mutual Fund Flows [J].

Journal of Finance, 1998, 53: 1589−1622.

[151] Spitz, A. E. Mutual Fund Performance and Cash Inflow [J]. Applied Economics, 1970, 2: 141−145.

[152] Thaler, Richard, Amos Tversky, Daniel Kahneman, and Alan Schwartz. The Effect of Myopia and Loss Aversion on Risk Taking: An Experimental Test [J]. Quarterly Journal of Economics, 1997, 112: 647−661.

[153] Tversky, Amos, and Daniel Kahneman. Advances in Prospect Theory: Cumulative Representation of Uncertainty [J]. Journal of Risk and Uncertainty, 1992, 5: 297−323.

[154] Yatchew A. Nonparametric Regression Techniques in Economics [J]. Journal of Economic Literature, 1998, 57: 135−143.

[155] Warther, V. Aggregate Mutual Fund Flows and Security Returns [J]. Journal of Financial Economics, 1995, 39: 209−236.

[156] Wilcox, R. Bargain Hunting or Star Gazing? Investors' Preferences for Stock Mutual Funds [J]. Journal of Business, 2003, 76: 645−663.

[157] White, Hal. A Heteroskedasticity-Consistent Covariance Matrix Estimator and a Direct Test of Heteroskedasticity [J]. Econometrica, 1984, 48: 817−838.

[158] Wooldridge, Jeffrey. Econometric Analysis of Cross Section and Panel Data [M]. Cambridge: MIT Press, 2002.

[159] Zitzewitz, Eric. How Widespread Is Late Trading in Mutual Funds? [R]. Working paper, Stanford University, 2003.

[160] Zhao, X. Why Are Some Mutual Funds Closed to New Investors? [R]. Working paper, College of William and Mary, 2002.

[161] Zheng, L. Is Money Smart? A Study of Mutual Fund Investors' Fund Selection Ability [J]. Journal of Finance, 1999, 54: 901−933.

附 录 各积极管理型的开放式基金的四因子 α 的值

本书使用 Carhart 提出的四因子模型计算了各积极管理型的开放式基金的 α 值，Carhart 四因子模型可表达如下：

$$R_{i,t} - R_{ft} = \alpha_i + \beta_r RmRf_t + \beta_s SMB_t + \beta_h HML_t + \beta_m MOM_t + e_{i,t}$$

式中，$R_{i,t}$ 是投资者持有基金 i 在 t 月的收益率，根据基金的累计单位净值计算得到。R_{ft} 为月度无风险利率，由三月期央行票据收益率折算得到。市场超额收益率 $RmRf_t \equiv Rm_t - R_{ft}$，$Rm_t$ 为锐思金融数据库中考虑了现金红利再投资的综合月市场回报率（流通市值加权），SMB_t 为规模（size）因子模拟组合月度回报率（流通市值加权），HML_t 为净市值比率（book-to-market）因子模拟组合月度回报率（流通市值加权），均直接来自于锐思金融数据库。各基金的评价结果见附表 1。

附表 1　中国积极管理型开放式基金的 Carhart 4 因子 α 值

代码	基金名称	α	Std. Err.	t
1	华夏成长证券投资基金	0.007	0.002	3.48
11	华夏大盘精选证券投资基金	0.017	0.003	5.49
21	华夏优势增长股票型证券投资基金	0.008	0.004	1.94
31	华夏复兴股票型证券投资基金	0.009	0.005	1.89
41	华夏全球精选股票型证券投资基金	0.004	0.009	0.5
61	华夏盛世精选股票型证券投资基金	−0.004	0.003	−1.57
2001	华夏回报证券投资基金	0.01	0.002	4.18
2011	华夏红利混合型证券投资基金	0.008	0.003	2.84
2021	华夏回报二号证券投资基金	0.013	0.003	4.2

代码	基金名称	α	Std. Err.	t
2031	华夏策略精选灵活配置混合型证券投资基金	0.015	0.007	2.16
20001	国泰金鹰增长证券投资基金	0.012	0.003	3.86
20003	国泰金龙行业精选证券投资基金	0.009	0.002	4.19
20005	国泰金马稳健回报证券投资基金	0.005	0.003	2.03
20009	国泰金鹏蓝筹价值混合型证券投资基金	0.007	0.002	3.19
20010	国泰金牛创新成长股票型证券投资基金	0.003	0.004	0.95
20015	国泰区位优势股票型证券投资基金	−0.002	0.005	−0.5
40001	华安创新证券投资基金	−0.005	0.003	−1.66
40006	华安国际配置基金	−0.003	0.002	−1.25
40007	华安中小盘成长股票型证券投资基金	−0.001	0.001	−1.02
40008	华安策略优选股票型证券投资基金	0.006	0.006	1.03
40011	华安核心优选股票型证券投资基金	−0.003	0.004	−0.71
40015	华安动态灵活配置混合型证券投资基金	−0.005	0.006	−0.83
40016	华安行业轮动股票型证券投资基金	−0.005	0.015	−0.31
40018	华安香港精选股票型证券投资基金	0.006	0.003	2.49
50001	博时价值增长证券投资基金	0.007	0.002	2.77
50004	博时精选股票证券投资基金	0.01	0.003	3.28
50007	博时平衡配置混合型证券投资基金	0.002	0.006	0.35
50008	博时第三产业成长股票证券投资基金	0.002	0.004	0.66
50009	博时新兴成长股票证券投资基金	0.016	0.006	2.57
50010	博时特许价值股票型证券投资基金	−0.005	0.008	−0.6
50012	博时策略灵活配置混合型证券投资基金	−0.005	0.007	−0.7
50014	博时创业成长股票型证券投资基金	−0.008	0.012	−0.67
50015	博时大中华亚太精选股票证券投资基金	−0.004	0.007	−0.59
50018	博时行业轮动股票型证券投资基金	0.01	0.003	3.65
50201	博时价值增长贰号证券投资基金	0.008	0.002	3.36
70001	嘉实成长收益证券投资基金	0.013	0.002	5.66

代码	基金名称	α	Std. Err.	t
70002	嘉实增长开放式证券投资基金	0.005	0.002	2.66
70003	嘉实稳健开放式证券投资基金	0.011	0.003	4.34
70006	嘉实服务增值行业开放式证券投资基金	0.012	0.004	3.21
70010	嘉实主题精选混合型证券投资基金	0	0.004	0.09
70011	嘉实策略增长混合型证券投资基金	−0.001	0.009	−0.05
70012	嘉实海外中国股票股票型证券投资基金	0.013	0.005	2.64
70013	嘉实研究精选股票型证券投资基金	−0.003	0.006	−0.49
70017	嘉实量化阿尔法股票型证券投资基金	−0.005	0.005	−0.89
70018	嘉实回报灵活配置混合型证券投资基金	0.002	0.007	0.22
70019	嘉实价值优势股票型证券投资基金	−0.003	0.007	−0.46
70021	嘉实主题新动力股票型证券投资基金	0.002	0.002	1.18
70099	嘉实优质企业股票型证券投资基金	0.007	0.002	3.86
80001	长盛成长价值证券投资基金	0.011	0.004	2.43
80002	长盛创新先锋灵活配置混合型证券投资基金	0.004	0.004	1.09
80005	长盛量化红利策略股票型证券投资基金	0.002	0.008	0.21
80006	长盛环球景气行业大盘精选股票型证券投资基金	0.008	0.002	3.74
90001	大成价值增长证券投资基金	0.01	0.003	2.93
90003	大成蓝筹稳健证券投资基金	0.009	0.003	2.61
90004	大成精选增值混合型证券投资基金	0.013	0.004	3.42
90006	大成财富管理2020生命周期证券投资基金	0.003	0.004	0.92
90007	大成策略回报股票型证券投资基金	−0.012	0.005	−2.42
90009	大成行业轮动股票型证券投资基金	−0.014	0.008	−1.8
90011	大成核心双动力股票型证券投资基金	0.005	0.002	2.81
100016	富国天源平衡混合型证券投资基金	0.013	0.003	4.67
100020	富国天益价值证券投资基金	0.007	0.003	2.58
100022	富国天瑞强势地区精选混合型证券投资基金	0.008	0.004	1.85

代码	基金名称	α	Std. Err.	t
100026	富国天合稳健优选股票型证券投资基金	0.011	0.003	3.09
100029	富国天成红利灵活配置混合型证券投资基金	−0.001	0.006	−0.22
100039	富国通胀通缩主题轮动股票型证券投资基金	0.005	0.002	2.66
110001	易方达平稳增长证券投资基金	0.011	0.003	4.07
110002	易方达策略成长证券投资基金	0.011	0.003	3.87
110005	易方达积极成长证券投资基金	0.01	0.003	3.13
110009	易方达价值精选股票型证券投资基金	0.001	0.004	0.34
110010	易方达价值成长混合型证券投资基金	0.014	0.007	2.05
110011	易方达中小盘股票型证券投资基金	0.009	0.004	2.29
110012	易方达科汇灵活配置混合型证券投资基金	0.006	0.002	3.78
121001	国投瑞银融华债券型证券投资基金	0.009	0.003	3.2
121002	国投瑞银景气行业证券投资基金	0.009	0.004	2.44
121003	国投瑞银核心企业股票型证券投资基金	0.007	0.004	1.68
121005	国投瑞银创新动力股票型证券投资基金	0.014	0.004	3.19
121006	国投瑞银稳健增长灵活配置混合型证券投资基金	0.006	0.004	1.82
121008	国投瑞银成长优选股票型证券投资基金	0.011	0.003	3.61
150103	银河银泰理财分红证券投资基金	0.008	0.003	3.14
151001	银河稳健证券投资基金	0.009	0.003	3.35
160603	鹏华普天收益证券投资基金	0.01	0.002	4
160605	鹏华中国50开放式证券投资基金	0.008	0.002	3.32
161601	融通新蓝筹证券投资基金	0.005	0.002	2.15
161605	融通蓝筹成长证券投资基金	0.006	0.003	2.42
161606	融通行业景气证券投资基金	0.002	0.005	0.48
161609	融通动力先锋股票型证券投资基金	−0.004	0.005	−0.9
161611	融通内需驱动股票型证券投资基金	0.003	0.003	0.99
162102	金鹰中小盘精选证券投资基金	0.007	0.002	2.98

代码	基金名称	α	Std. Err.	t
162201	泰达宏利价值优化型成长类行业证券投资基金	0.009	0.002	3.5
162202	泰达宏利价值优化型周期类行业证券投资基金	0.008	0.002	3.22
162203	泰达宏利价值优化型稳定类行业证券投资基金	0.011	0.003	3.81
162204	泰达宏利行业精选证券投资基金	0.007	0.002	3.73
162205	泰达宏利风险预算混合型证券投资基金	-0.002	0.005	-0.5
162208	泰达宏利首选企业股票型证券投资基金	0.001	0.004	0.27
162209	泰达宏利市值优选股票型证券投资基金	0.008	0.005	1.65
162211	泰达宏利品质生活灵活配置混合型证券投资基金	0.011	0.004	2.87
162212	泰达宏利红利先锋股票型证券投资基金	-0.001	0.006	-0.09
163406	兴全合润分级股票型证券投资基金之基础份额	0.003	0.003	1.16
163803	中银持续增长股票型证券投资基金	0.008	0.003	2.67
163804	中银收益混合型证券投资基金	0.008	0.004	2.11
163805	中银动态策略股票型证券投资基金	-0.005	0.003	-1.57
163807	中银行业优选灵活配置混合型证券投资基金	-0.002	0.003	-0.59
163809	中银蓝筹精选灵活配置混合型证券投资基金	-0.009	0.004	-2
163810	中银价值精选灵活配置混合型证券投资基金	0.011	0.005	2.47
166002	中欧新蓝筹灵活配置混合型证券投资基金	0	0.005	0.04
166005	中欧价值发现股票型证券投资基金	0.006	0.002	3.11
180001	银华优势企业证券投资基金	0.015	0.004	3.95
180010	银华优质增长股票型证券投资基金	0.008	0.004	2.42
180012	银华富裕主题股票型证券投资基金	0.006	0.008	0.71
180013	银华领先策略股票型证券投资基金	-0.003	0.004	-0.84

附表1（续）

代码	基金名称	α	Std. Err.	t
180018	银华和谐主题灵活配置混合型证券投资基金	-0.006	0.005	-1.26
180020	银华成长先锋混合型证券投资基金	0.004	0.002	1.87
200001	长城久恒平衡型证券投资基金	0.008	0.003	2.55
200006	长城消费增值股票型证券投资基金	0.001	0.004	0.38
200007	长城安心回报混合型证券投资基金	-0.003	0.005	-0.53
200008	长城品牌优选股票型证券投资基金	-0.003	0.008	-0.34
200010	长城双动力股票型证券投资基金	-0.003	0.005	-0.66
200011	长城景气行业龙头灵活配置混合型证券投资基金	0.006	0.003	2.19
202001	南方稳健成长证券投资基金	0.003	0.003	1.13
202002	南方稳健成长贰号证券投资基金	0.007	0.005	1.43
202003	南方绩优成长股票型证券投资基金	0.002	0.004	0.57
202005	南方成份精选股票型证券投资基金	-0.03	0.019	-1.58
202007	南方隆元产业主题股票型证券投资基金	0.005	0.005	1.02
202009	南方盛元红利股票型证券投资基金	0.015	0.005	3.02
202011	南方优选价值股票型证券投资基金	-0.004	0.004	-0.92
202019	南方策略优化股票型证券投资基金	0.001	0.008	0.1
202801	南方全球精选配置证券投资基金	0.009	0.002	3.98
206001	鹏华行业成长证券投资基金	-0.012	0.004	-3.27
206002	鹏华精选成长股票型证券投资基金	-0.008	0.009	-0.84
206007	鹏华消费优选股票型证券投资基金	0.003	0.006	0.54
210001	金鹰成份股优选证券投资基金	0.003	0.003	1
213002	宝盈泛沿海区域增长股票型证券投资基金	0.005	0.004	1.19
213003	宝盈策略增长股票型证券投资基金	-0.003	0.005	-0.72
213006	宝盈核心优势灵活配置混合型证券投资基金	-0.001	0.005	-0.21
213008	宝盈资源优选股票型证券投资基金	0.01	0.003	3.48

代码	基金名称	α	Std. Err.	t
217001	招商安泰系列开放式证券投资基金——股票	0.005	0.002	3.07
217002	招商安泰系列开放式证券投资基金——平衡型	0.007	0.003	2.63
217005	招商先锋证券投资基金	−0.002	0.006	−0.36
217009	招商核心价值混合型证券投资基金	0.015	0.007	1.98
217010	招商大盘蓝筹股票型证券投资基金	−0.001	0.005	−0.28
217012	招商行业领先股票型证券投资基金	−0.003	0.004	−0.79
217013	招商中小盘精选股票型证券投资基金	0.01	0.01	1.06
217015	招商全球资源股票型证券投资基金	0.004	0.003	1.27
233001	摩根士丹利华鑫基础行业证券投资基金	−0.008	0.006	−1.37
233006	摩根士丹利华鑫领先优势股票型证券投资基金	0.002	0.006	0.26
233007	摩根士丹利华鑫卓越成长股票型证券投资基金	−0.006	0.003	−1.69
233008	摩根士丹利华鑫消费领航混合型证券投资基金	0.01	0.003	3.68
240001	华宝兴业宝康消费品证券投资基金	0.007	0.002	4.05
240002	华宝兴业宝康灵活配置证券投资基金	0.012	0.003	4.23
240004	华宝兴业动力组合股票型证券投资基金	0.011	0.003	3.65
240005	华宝兴业多策略增长开放式证券投资基金	0.006	0.003	1.99
240008	华宝兴业收益增长混合型证券投资基金	−0.006	0.004	−1.31
240009	华宝兴业先进成长股票型证券投资基金	0.004	0.003	1.46
240010	华宝兴业行业精选股票型证券投资基金	0.008	0.007	1.24
240011	华宝兴业大盘精选股票型证券投资基金	0	0.013	0
240017	华宝兴业新兴产业股票型证券投资基金	0.002	0.01	0.23
241001	华宝兴业海外中国成长股票型证券投资基金	−0.001	0.003	−0.48
253010	国联安德盛安心成长混合型证券投资基金	0.005	0.002	2.72
255010	国联安德盛稳健证券投资基金	0.008	0.003	2.99

代码	基金名称	α	Std. Err.	t
257010	国联安德盛小盘精选证券投资基金	0.003	0.004	0.76
257020	国联安德盛精选股票证券投资基金	0.003	0.004	0.87
257030	国联安德盛优势股票证券投资基金	−0.002	0.006	−0.36
257040	国联安德盛红利股票证券投资基金	−0.007	0.007	−0.95
257050	国联安主题驱动股票型证券投资基金	0.008	0.002	3.22
260101	景顺长城优选股票证券投资基金	0.008	0.002	3.48
260103	景顺长城动力平衡证券投资基金	0.012	0.003	3.56
260104	景顺长城内需增长开放式证券投资基金	0.011	0.004	3.08
260108	景顺长城新兴成长股票型证券投资基金	0.009	0.004	2.23
260109	景顺长城内需增长贰号股票型证券投资基金	0.004	0.004	0.93
260110	景顺长城精选蓝筹股票型证券投资基金	0.011	0.009	1.3
260111	景顺长城公司治理股票型证券投资基金	0.003	0.007	0.35
260112	景顺长城能源基建股票型证券投资基金	0.009	0.003	3.59
270001	广发聚富证券投资基金	0.008	0.003	3.24
270002	广发稳健增长开放式证券投资基金	0.008	0.004	2.22
270005	广发聚丰股票型证券投资基金	0.012	0.004	3.3
270006	广发策略优选混合型证券投资基金	0.002	0.004	0.44
270007	广发大盘成长混合型证券投资基金	0.016	0.008	2.12
270008	广发核心精选股票型证券投资基金	0.003	0.007	0.41
270021	广发聚瑞股票型证券投资基金	0.007	0.005	1.42
270022	广发内需增长灵活配置混合型证券投资基金	−0.001	0.01	−0.09
270023	广发亚太（除日本）精选股票型证券投资基金	−0.002	0.006	−0.32
270025	广发行业领先股票型证券投资基金	0.008	0.002	4.39
288001	华夏经典配置混合型证券投资基金	0.011	0.003	3.93
288002	华夏收入股票型证券投资基金	0.004	0.002	1.84
290002	泰信先行策略开放式证券投资基金	−0.001	0.004	−0.32

代码	基金名称	α	Std. Err.	t
290004	泰信优质生活股票型证券投资基金	0.013	0.008	1.76
290005	泰信优势增长灵活配置混合型证券投资基金	0.004	0.005	0.87
290006	泰信蓝筹精选股票型证券投资基金	-0.003	0.006	-0.49
290008	泰信发展主题股票型证券投资基金	0.007	0.002	3.13
310308	申万菱信盛利精选证券投资基金	0.004	0.001	2.77
310318	申万菱信盛利强化配置混合型证券投资基金	0.004	0.003	1.3
310328	申万菱信新动力股票型证券投资基金	0.005	0.004	1.09
310358	申万菱信新经济混合型证券投资基金	0.016	0.006	2.42
310368	申万菱信竞争优势股票型证券投资基金	-0.005	0.005	-1.06
310388	申万菱信消费增长股票型证券投资基金	0.009	0.002	3.61
320001	诺安平衡证券投资基金	0.007	0.003	2.15
320003	诺安股票证券投资基金	0.005	0.003	1.68
320005	诺安价值增长股票证券投资基金	0.013	0.003	3.81
320006	诺安灵活配置混合型证券投资基金	0.009	0.004	2.03
320007	诺安成长股票型证券投资基金	0.008	0.005	1.42
320011	诺安中小盘精选股票型证券投资基金	-0.004	0.004	-1
320012	诺安主题精选股票型证券投资基金	0.012	0.003	4.25
340006	兴全全球视野股票型证券投资基金	0.007	0.005	1.45
340007	兴全社会责任股票型证券投资基金	-0.002	0.005	-0.38
340008	兴全有机增长灵活配置混合型证券投资基金	0.006	0.002	2.69
350001	天治财富增长证券投资基金	0.01	0.003	3.09
350002	天治品质优选混合型证券投资基金	0.011	0.008	1.35
350005	天治创新先锋股票型证券投资基金	-0.003	0.005	-0.77
350007	天治趋势精选灵活配置混合型证券投资基金	0.006	0.003	2.18
360001	光大保德信量化核心证券投资基金	0.004	0.003	1.16

代码	基金名称	α	Std. Err.	t
360005	光大保德信红利股票型证券投资基金	0.009	0.003	3.4
360006	光大保德信新增长股票型证券投资基金	0	0.003	−0.02
360007	光大保德信优势配置股票型证券投资基金	0.001	0.005	0.25
360010	光大保德信均衡精选股票型证券投资基金	0.004	0.004	0.86
360011	光大保德信动态优选灵活配置混合型证券投资基金	0.002	0.011	0.17
360012	光大保德信中小盘股票型证券投资基金	0.008	0.003	2.46
373010	上投摩根双息平衡混合型证券投资基金	0.005	0.004	1.38
373020	上投摩根双核平衡混合型证券投资基金	0.013	0.003	4.19
375010	上投摩根中国优势证券投资基金	−0.005	0.005	−1
376510	上投摩根大盘蓝筹股票型证券投资基金	0.01	0.003	3.02
377010	上投摩根阿尔法股票型证券投资基金	0	0.01	−0.03
377020	上投摩根内需动力股票型证券投资基金	0	0.005	0.07
377530	上投摩根行业轮动股票型证券投资基金	−0.007	0.004	−1.67
379010	上投摩根中小盘股票型证券投资基金	0.001	0.006	0.1
398001	中海优质成长证券投资基金	0.006	0.002	2.48
398011	中海分红增利混合型证券投资基金	0.003	0.002	1.43
398021	中海能源策略混合型证券投资基金	0	0.003	−0.06
398031	中海蓝筹灵活配置混合型证券投资基金	0.002	0.003	0.69
398041	中海量化策略股票型证券投资基金	−0.003	0.005	−0.57
398051	中海环保新能源主题灵活配置混合型证券投资基金	−0.002	0.007	−0.32
400001	东方龙混合型开放式证券投资基金	0.008	0.003	2.73
400003	东方精选混合型开放式证券投资基金	0.002	0.003	0.77
400007	东方策略成长股票型开放式证券投资基金	0.006	0.005	1.17
400011	东方核心动力股票型开放式证券投资基金	−0.007	0.005	−1.35
410001	华富竞争力优选混合型证券投资基金	−0.001	0.003	−0.2
410003	华富成长趋势股票型证券投资基金	−0.002	0.004	−0.56

代码	基金名称	α	Std. Err.	t
410006	华富策略精选灵活配置混合型证券投资基金	−0.003	0.006	−0.49
410007	华富价值增长灵活配置混合型证券投资基金	−0.008	0.007	−1.24
420001	天弘精选混合型证券投资基金	−0.001	0.003	−0.39
420003	天弘永定价值成长股票型证券投资基金	0.003	0.005	0.6
420005	天弘周期策略股票型证券投资基金	−0.001	0.006	−0.1
450001	富兰克林国海中国收益证券投资基金	0.002	0.002	0.75
450002	富兰克林国海弹性市值股票型证券投资基金	0.01	0.003	3.28
450003	富兰克林国海潜力组合股票型证券投资基金	0.005	0.004	1.45
450004	富兰克林国海深化价值股票型证券投资基金	0.007	0.005	1.39
450007	富兰克林国海成长动力股票型证券投资基金	−0.002	0.005	−0.44
450009	富兰克林国海中小盘股票型证券投资基金	0.01	0.007	1.37
460001	华泰柏瑞盛世中国股票型证券投资基金	0.004	0.002	1.79
460002	华泰柏瑞积极成长混合型证券投资基金	0.004	0.004	0.93
460005	华泰柏瑞价值增长股票型证券投资基金	0.017	0.007	2.45
460007	华泰柏瑞行业领先股票型证券投资基金	−0.008	0.007	−1.13
460009	华泰柏瑞量化先行股票型证券投资基金	−0.005	0.006	−0.93
460010	华泰柏瑞亚洲领导企业股票型证券投资基金	0.008	0.013	0.6
470006	汇添富医药保健股票型证券投资基金	−0.01	0.006	−1.71
470008	汇添富策略回报股票型证券投资基金	0.003	0.004	0.94
470009	汇添富民营活力股票型证券投资基金	0	0.006	0.02
470888	汇添富亚洲澳洲成熟市场优势精选股票型证券投资基金	−0.001	0.009	−0.11
481001	工银瑞信核心价值股票型证券投资基金	0.011	0.003	3.68
481004	工银瑞信稳健成长股票型证券投资基金	0.001	0.004	0.19

代码	基金名称	α	Std. Err.	t
481006	工银瑞信红利股票型证券投资基金	0.005	0.006	0.94
481008	工银瑞信大盘蓝筹股票型证券投资基金	0.01	0.008	1.31
481010	工银瑞信中小盘成长股票型证券投资基金	−0.004	0.004	−0.93
483003	工银瑞信精选平衡混合型证券投资基金	0.005	0.002	1.91
486001	工银瑞信中国机会全球配置股票型证券投资基金	0.004	0.009	0.47
486002	工银瑞信全球精选股票型证券投资基金	0.004	0.011	0.41
510081	长盛动态精选证券投资基金	0.01	0.005	1.95
519005	海富通股票证券投资基金	−0.003	0.002	−1.32
519007	海富通强化回报混合型证券投资基金	0.009	0.003	2.93
519008	汇添富优势精选混合型证券投资基金	0.014	0.004	3.5
519011	海富通精选证券投资基金	0.009	0.002	5.12
519013	海富通风格优势股票型证券投资基金	0.007	0.003	2.62
519015	海富通精选贰号混合型证券投资基金	−0.002	0.004	−0.5
519017	大成积极成长股票型证券投资基金	0.002	0.003	0.92
519018	汇添富均衡增长股票型证券投资基金	0.009	0.004	2.26
519019	大成景阳领先股票型证券投资基金	−0.001	0.001	−0.75
519021	国泰金鼎价值精选混合型证券投资基金	0.015	0.012	1.2
519025	海富通领先成长股票型证券投资基金	0.001	0.004	0.15
519026	海富通中小盘股票型证券投资基金	0.005	0.008	0.61
519029	华夏平稳增长混合型证券投资基金	0.004	0.003	1.14
519035	富国天博创新主题股票型证券投资基金	0.001	0.004	0.18
519039	长盛同德主题增长股票型证券投资基金	0.001	0.003	0.38
519066	汇添富蓝筹稳健灵活配置混合型证券投资基金	0.016	0.007	2.44
519068	汇添富成长焦点股票型证券投资基金	0.005	0.004	1.25
519069	汇添富价值精选股票型证券投资基金	0.013	0.005	2.53
519087	新华优选分红混合型证券投资基金	0.004	0.003	1.13

代码	基金名称	α	Std. Err.	t
519089	新华优选成长股票型证券投资基金	0.019	0.008	2.5
519091	新华泛资源优势灵活配置混合型证券投资基金	−0.003	0.006	−0.54
519093	新华钻石品质企业股票型证券投资基金	−0.001	0.003	−0.23
519095	新华行业周期轮换股票型证券投资基金	0	0.007	0.06
519110	浦银安盛价值成长股票型证券投资基金	−0.002	0.003	−0.68
519113	浦银安盛精致生活灵活配置混合型证券投资基金	−0.006	0.004	−1.64
519115	浦银安盛红利精选股票型证券投资基金	−0.005	0.004	−1.17
519181	万家和谐增长混合型证券投资基金	−0.005	0.004	−1.38
519183	万家双引擎灵活配置混合型证券投资基金	0.009	0.006	1.47
519185	万家精选股票型证券投资基金	−0.01	0.005	−1.84
519601	海富通中国海外精选股票型证券投资基金	0.01	0.011	0.91
519668	银河竞争优势成长股票型证券投资基金	0.011	0.004	2.47
519670	银河行业优选股票型证券投资基金	0.007	0.005	1.47
610004	信达澳银中小盘股票型证券投资基金	−0.004	0.004	−0.98
610005	信达澳银红利回报股票型证券投资基金	−0.01	0.007	−1.36
620001	金元比联宝石动力混合型证券投资基金	−0.002	0.004	−0.49
620002	金元比联成长动力灵活配置混合型证券投资基金	0.004	0.005	0.73
620004	金元比联价值增长股票型证券投资基金	−0.005	0.006	−0.91
620005	金元比联核心动力股票型证券投资基金	−0.006	0.004	−1.41
620006	金元比联消费主题股票型证券投资基金	−0.008	0.007	−1.15
630001	华商领先企业混合型开放式证券投资基金	0.006	0.005	1.32
630002	华商盛世成长股票型证券投资基金	0.017	0.007	2.53
630005	华商动态阿尔法灵活配置混合型证券投资基金	0	0.006	−0.02
630006	华商产业升级股票型证券投资基金	−0.015	0.008	−2.01

代码	基金名称	α	Std. Err.	t
630008	华商策略精选灵活配置混合型证券投资基金	−0.007	0.005	−1.47
660001	农银汇理行业成长股票型证券投资基金	0.017	0.006	2.72
660003	农银汇理平衡双利混合型证券投资基金	0.002	0.004	0.5
660004	农银汇理策略价值股票型证券投资基金	−0.003	0.007	−0.43
660005	农银汇理中小盘股票型证券投资基金	0.003	0.007	0.4
660006	农银汇理大盘蓝筹股票型证券投资基金	−0.008	0.003	−2.3
690001	民生加银品牌蓝筹灵活配置混合型证券投资基金	−0.003	0.006	−0.58
690003	民生加银精选股票型证券投资基金	−0.01	0.004	−2.43
690004	民生加银稳健成长股票型证券投资基金	−0.014	0.007	−1.95